改訂2版

通勤災害制度の
しくみ

第❸章　通勤災害に係るQ&A　……　51

「通勤による」

「就業に関し」

「住居」

「就業の場所」

「合理的な経路及び方法」

■ 「業務の性質を有するもの」

■ 「逸脱・中断」および「日常生活上必要な行為」

参考資料

第1章

労災保険制度のしくみ

I 労災保険の目的

　労働者災害補償保険（以下「労災保険」といいます。）は、労働者の業務上の事由による負傷、疾病、障害、死亡等に対して、迅速かつ公正な保護を図るため必要な保険給付等を行うことを目的として、昭和22年に労働基準法（以下「労基法」といいます。）と同時期に使用者の補償責任^(注)を保険システムによって担保する制度として誕生しました。（昭和22年4月7日　法律第50号）

　誕生して以降、適用事業の拡大、給付内容の拡充や給付水準の引き上げ、年金制度の導入、また、本書において解説する通勤災害制度の創設のほか、労働福祉事業（現、社会復帰促進等事業）の創設、脳・心臓疾患発症の予防に資する二次健康診断等給付の創設、複数の事業場における業務上の負荷を総合的に評価する複数業務要因災害に関する保険給付の創設、特別加入制度の対象範囲の更なる拡大など多くの改正が行われ、労基法で規定する使用者の補償枠を大幅に超えて独自に充実が図られてきました。

　注）　労基法では、労働者の業務上の事由による負傷、または、疾病を発症した場合の療養の費用等に対する使用者の補償責任等について規定しています。（第8章　第75条〜第88条）
　　　　また、労基法第84条では、「この法律に規定する災害補償の事由について、労働者災害補償保険法（昭和22年法律第50号）又は厚生労働省令で指定する法令に基づいてこの法律の災害補償に相当する給付が行われるべきものである場合においては、使用者は補償の責を免れる。」としています。
　　　　このほか、業務上の事由による負傷、又は疾病にかかり療養のための休業期間及びその後の30日間について、原則、解雇してはならないと規定されています。（労基法第19条）

　　「通勤」は労働者が「業務」に就くため、あるいは業務を終了して移動する行為であり事業主の支配下にはないと解されているため、通勤による負傷等に対しては、業務災害のような使用者の無過失責任は生じません。
　　また、通勤による負傷等で、療養のため労働することができないために賃金を受けない日の最初の3日間（待期期間）は、業務災害のような使用者の補償責任は生じません。

1　適用される事業

　国の直営事業および官公署の事業を除いて、労働者^(注1)を使用するすべての事業^(注2)は労災保険法により強制的に適用（以下「当然適用事業」といいます。）され、労働者を1名でも使用している事業に対して保険関係が成立^(注3)することになります。

　ただし、5名未満の労働者を使用する個人経営の農林水産の事業の一部は「労災保険暫定任意適用事業」^(注4)とされています。

注１）　労働者とは、労基法第９条において、「この法律で「労働者」とは、職業の種類を問わず、事業又は事務所（以下「事業」という。）に使用される者で、賃金を支払われる者をいう。」と定義しています。

　　なお、労災保険法では、「労働者」の定義について明文の規定はありませんが、労基法に規定する「労働者」と同一のものをいうと解されています。

注２）　事業とは、反復継続する意思をもって業として行われるもので、経営上一体をなす企業そのものを指すものではありません。

　　個々の本店、支店、事務所、工場など一つの経営組織として独立性をもった経営体のことを指しています。

注３）　事業主は、当然適用事業として保険関係が成立した日から10日以内に事業主の氏名または名称および住所、事業の種類、事業の行われる場所などを記載した「保険関係成立届（様式第１号）」を事業場の所在地を管轄する労働基準監督署長（以下「労基署長」といいます。）あてに届出し、加入手続きを行わなければなりません。

注４）　労災保険暫定任意適用事業であって、事業主または使用されている過半数の労働者の意思によって加入を希望するときは、事業主は、「任意加入申請書（様式第１号）」を用いて、事業場の所在地を管轄する労基署長を経由して都道府県労働局長（以下「労働局長」といいます。）あてに申請し、認可があった日に保険関係が成立することになります。

2　対象となる人

　労災保険の適用は事業単位としていますので、他の社会保険のように労働者個々人を被保険者としているものではありません。

　常用労働者、パートタイマー、アルバイト、日雇、派遣労働者など雇用形態、雇用期間、年齢等を問わず事業または事務所等に使用され賃金を支払われるすべての労働者が対象となります。

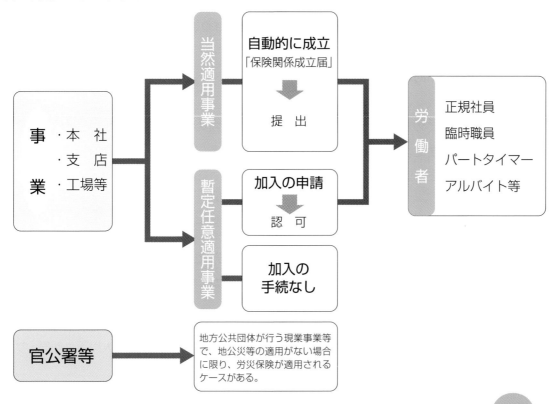

3 労災保険料

労災保険の財源は、原則、事業主が負担する保険料によって賄われ、健康保険など被保険者の保険料負担による相互扶助のような制度とは性格を異にしていますので、対象となる労働者の個人負担は生じません。

保険料は、事業または事務所に使用されるすべての労働者に対して支払が見込まれる年間の賃金総額に、事業の種類ごとに定めている「労災保険率」を乗じて算定し、毎年、保険年度（4/1～3/31）の6月1日から7月10日までの40日以内に、事業主が、原則、雇用保険料と併せ一元的に労働保険料として政府に対して概算・確定保険料の申告・納付を行うことになります。

労災保険率には、非業務災害率（通勤災害および二次健康診断等給付分として一律1,000分の0.6）を含んでいます。

また、労災保険率は、原則として3年ごとに見直しが行われ必要に応じて改定が行われます。令和5年4月1日現在では2.5/1000～88/1000となっています。

なお、年度の中途で新たに当然適用事業[注1]、あるいは労災保険暫定任意適用事業[注2]として保険関係が成立した場合は、事業主は、成立した日から50日以内に概算保険料の申告・納付を行わなければなりません。

注1）　当然適用事業とは、一人でも労働者を雇用して、事業が行われている限り、当然に労災保険または雇用保険の保険関係が成立する事業をいいます。

注2）　暫定任意適用事業とは、農林水産の事業のうち、常時使用労働者数が5人未満の事業のことをいいます。なお、労災保険では、農業に限り事業主が特別加入をする場合には、常時使用労働者数が5人未満であっても当然適用事業となります。

4 特別加入制度

労働者以外の者であっても、その業務の実態、災害の発生状況などからみて、労働者に準じ、労災保険によって保護するにふさわしい者に対して4種類の特別加入制度を設けています。

①中小事業主等

原則として、企業単位で常時300人以下[注1]の労働者を使用する事業主のほか家族従事者[注2]、また、法人の場合は労働者とはならない役員等

注1）　労働者を使用する範囲は、金融・保険・不動産・小売業の場合は50人以下、卸売・サー

ビス業の場合は100人以下、その他の業種は300人以下となります。

注2）「同居の親族のうち労働者の範囲」（昭和54年4月2日　基発第153号）
　　同居の親族は、事業主と居住及び生計を一にするものであり、原則として労働基準法上の労働者には該当しないが、同居の親族であっても、常時同居の親族以外の労働者を使用する事業において一般事務又は現場作業等に従事し、かつ、次の(1)及び(2)の条件を満たすものについては、一般に私生活面での相互協力関係とは別に独立した労働関係が成立しているとみられるので、労働基準法上の労働者として取扱うものとする。
(1)　事業を行うにつき、事業主の指揮命令に従っていることが明確であること
(2)　就労の実態が当該事業場における他の労働者と同様であり、賃金もこれに応じて支払われていること。特に、①始業および終業の時刻、休憩時間、休日、休暇等及び②賃金の決定、計算及び支払の方法、賃金の締切り及び支払の時期等について、就業規則その他これに準ずるものに定めるところにより、その管理が他の労働者と同様になされていること。

②一人親方その他の自営業者

- 自動車を使用して行う旅客若しくは貨物の運送の事業又は原動機付自転車若しくは自転車を使用して行う貨物の運送の事業（個人タクシー業者や個人貨物運送業者など）
- 大工・左官・とび職人など土木、建築その他の工作物の建設等の事業
  ※　除染を目的として行う高圧水による工作物の洗浄や側溝にたまった堆積物の除去などの原状回復の事業も含まれます。
- 漁船による水産動植物の採補の事業
- 林業の事業
- 医薬品の配置販売（薬機法第30条の許可を受けて行うもの。）の事業
- 再生利用の目的となる廃棄物などの収集、運搬、選別、解体等の事業
- 船員法第1条に規定する船員が行う事業
- 柔道整復師法第2条に規定する柔道整復師が行う事業
- 創業支援等措置に基づき行う事業
- あん摩マッサージ指圧師、はり師、きゅう師等に関する法律に基づくあん摩マッサージ指圧師、はり師又はきゅう師が行う事業
- 歯科技工士法第2条に規定する歯科技工士が行う事業

③特定作業従事者

　「特定農作業従事者」、「指定農業機械作業従事者」、「国または地方公共団体が実施する訓練従事者」、「家内労働者およびその補助者」、「労働組合等の常勤役員」、「介護作業従事者および家事支援従事者」、「芸能関係作業従事者」、「アニメーション制作作業従事者」、「ITフリーランス」

　なお、「労働条件分科会労災保険部会」で「特定受託事業者に係る取引の適正化等に関する法律」（令和5年5月12日公布）の制定に伴う労災保険の特別加入制度の拡

大に関する検討が開始され、希望するすべての特定受託事業者が加入できるよう対象範囲を拡大することが検討されています。

④海外派遣者

　日本国内で保険関係が成立している国内の企業から、海外に派遣される労働者が対象となります。

　また、派遣先の海外の事業が中小企業（常時300人以下の労働者を使用する事業）に該当する場合に限り、現地法人の社長等、労働者としての性格を有しないと考えられる者として派遣される場合についても、特別加入をすることができます。

　なお、労働者が、海外で行う商談、技術・仕様などの打ち合わせ、市場調査・会議・視察・見学、アフターサービス、現地での突発的なトラブル対応、技術修得などについては、原則、海外出張として特別の手続きを要することなく、所属の事業場の労災保険が適用されます。

5 通勤災害にかかる保険給付等の種類

種　類	内　　容	必要な請求様式
療養給付	けが・疾病に対して労災指定医療機関等で、必要な療養の給付を自己負担することなく受けられる現物給付、また、労災指定医療機関等以外で負担した治療費等費用の現金給付が行われます。	様式第16号の3 （記載例12頁） 第16号の5
休業給付	療養のため労働することができないために賃金を受けない日の第4日目から、1日につき給付基礎日額の60％の給付のほか休業特別支給金20％が併せて支給されます。	様式第16号の6 （記載例14頁）
障害給付	けが、疾病が治ゆした後の後遺症に対して、障害等級第1級〜7級に応じて年金（年金給付基礎日額の313日〜131日分）を支給、また、障害等級第8級〜14級に応じた一時金（給付基礎日額の503日〜56日分）が支給されます。　　　　　　　　（障害等級表は110頁参照） 障害特別支給金、障害特別年金・一時金が併せて支給されます。	様式第16号の7
遺族給付	労働者の死亡に対し年金（年金給付基礎日額の153日〜245日分）を支給、また、年金の受給資格者がいない場合、一時金として給付基礎日額の1,000日分が支給されます。 遺族特別支給金、遺族特別年金・一時金が併せて支給されます。	様式第16号の8 様式第16号の9
葬祭給付	死亡した労働者の葬祭を行った場合、給付基礎日額の30日分に315,000円を加えた額（その額が給付基礎日額の60日分に満たない場合には、給付基礎日額の60日分）が支給されます。	様式第16号の10
傷病年金	けが・疾病が1年6か月経過しても治らず、障害の程度が傷病等級第1級〜3級に該当するとき、年金（年金給付基礎日額の313日〜245日分）が支給されます。 　　　　　　　　　　（傷病等級表は114頁参照） 傷病特別支給金、傷病特別年金が併せて支給されます。	様式第16号の2 （傷病の状態等に関する届）
介護給付	障害・傷病年金受給者が要介護障害程度区分に該当し常時または随時介護を受けている場合、厚生労働省令で定める月額が支給されます。（障害程度区分表は115頁参照）	様式第16号の2の2

※　このほか、業務・複数業務要因・通勤災害に属さない、唯一の予防給付として二次健康診断等給付があります。
　　給付の要件は、一次健康診断の結果において、①血圧検査、②血中脂質検査、③血糖検査、④腹囲の検査またはBMI（肥満度）の測定のすべての検査項目について「異常の所見」があると診断されたときとなります。

※　業務災害・複数業務要因災害にかかる保険給付の名称は、療養補償給付（業務災害の場合）、複数事業労働者療養給付（複数業務要因災害の場合）となります。なお、葬祭給付は、葬祭料（業務災害の場合）、複数事業労働者葬祭給付（複数業務要因災害の場合）となります。

※　給付基礎日額は、原則、労基法第12条の平均賃金に相当する額とするとされ、年金給付基礎日額は、平均賃金に相当する額か年齢階層別最低・最高限度額とされています。

災害の発生日時または発病の日時を正確に記入してください。

裏面に記載してある注意事項をよく読んだ上で、記入してください。

標　準　字　体	0 1 2 3 4 5 6 7 8 9 ゛ ゜ ー
	ア イ ウ エ オ カ キ ク ケ コ サ シ ス セ ソ タ チ ツ テ ト ナ ニ ヌ
	ネ ノ ハ ヒ フ ヘ ホ マ ミ ム メ モ ヤ ユ ヨ ラ リ ル レ ロ ワ ン

通勤災害用

療養給付たる療養の給付請求書

標準字体で記入してください。

※帳票種別	①管轄局署	②業通別	③保留	⑥処理区分	④受付年月日
3 4 5 9 0		3	1全レセ 3全給付		※

⑤労働保険番号

府県	所掌	管轄	基幹番号	枝番号
2 0	1	0 1	1 2 3 4 5 6	0 0 0

年金証書番号記入欄

⑧性別	⑨労働者の生年月日	⑩負傷又は発病年月日
1	5 4 5 0 8 2 6	9 0 5 0 6 1 6

1明治 3大正 5昭和 7平成 9令和

1男 2女

1～9年は右へ 1～9月は右へ 1～9日は右へ

⑫労働者の

シメイ（カタカナ）：姓と名の間は1字あけて記入してください。濁点・半濁点は1字として記入してください。

コ ウ ロ ウ　タ ロ ウ

氏名　厚労　太郎　　　　　　（53歳）

⑯郵便番号　1 0 0 - 8 9 1 6

フリガナ チヨダクカスミガセキ

住所　千代田区霞ヶ関 1-2-2

職種　事務

⑲通勤災害に関する事項　裏面のとおり

㉓兼業	⑦支給・不支給決定年月日
※	

⑪再発年月日
※

⑬三者	⑭特疾	⑮特別加入者
※ 1自 3労 5他	3その他	

このスペースに文字を記入しないでください。

⑰第三者行為災害

該当する・該当しない

職種はなるべく具体的に、作業内容がわかるように記入してください。

⑳指定病院等の
名称　○○整形外科　　　電話（○○）○○○○-○○○○
所在地　○×市○○ 2-3-1　　〒×××-××××.

㉑傷病の部位及び状態　左手首骨折

⑫の者については、⑩及び裏面の（ロ）、（ハ）、（ニ）、（ホ）、（ト）、（チ）、（リ）（通常の通勤の経路及び方法に限る。）及び（ヲ）に記載したとおりであることを証明します。　　　　　令和5年6月16日

事業の名称　○○商事株式会社　　　電話（○○）○○○○-○○○○

事業場の所在地　飯田市桜町 4-3-2　　〒　-

事業主の氏名　代表取締役　○○　○○

（法人その他の団体であるときはその名称及び代表者の氏名）

労働者の所属事業場の名称・所在地　　　電話（　　）

（注意）　1　事業主は、裏面の（ロ）、（ハ）及び（リ）については、知り得なかった場合には証明する必要がないので、知り得なかった事項の符号を消してください。
　　　　2　労働者の所属事業場の名称・所在地については、労働者が直接所属する事業場が一括適用の取扱いを受けている場合に、労働者が直接所属する支店、工事現場等を記載してください。
　　　　3　派遣労働者について、療養給付のみの請求がなされる場合にあっては、派遣先事業主は、派遣元事業主が証明する事項の記載内容が事実と相違ない旨裏面に記載してください。

上記により療養給付たる療養の給付を請求します。　　　　　令和5年6月16日

　　　労働基準監督署長　殿

病院
診療所
薬局　　経由
訪問看護事業者

請求人の　住所　〒100-8916　千代田区霞ヶ関 1-2-2（　　方）

電話（○○）○○○○-○○○○

氏名　厚労太郎

	署長	副署長	課長	係長	係	決定年月日	・　・
支給不支給決定決議書							
	調査年月日	・　・				不支給の理由	
	復命書番号	第　号	第　号	第　号			

（この欄は記入しないでください。）

※印の欄は記入しないでください（職員が記入します）。

折り曲げる場合には（◀）の所を谷に折りさらに2つ折りにしてください。

直接所属している事業場を管轄している労働基準監督署名を記入します。

事業主の証明が必要です。

直接所属している事業場が上欄の事業場と異なる（一括適用の取扱いをしている支店、工場、工事現場等）場合に記入します。

災害時の通勤の種別について、該当する記号を記入してください。

通勤災害の場合に記載します。

通勤の種別により、記入項目が異なります。

災害時の通勤の種別に関する移動の通常の通勤経路、方法、所要時間と、災害発生の日に住居または就業の場所から災害発生の場所に至った経路、方法、所要時間をわかりやすく記入してください。
なお、地図を貼付してそれに書き入れることや、適宜別紙に記載してあわせて提出することも可能です。

様式第16号の3(裏面)

通勤災害に関する事項

(イ)	災害時の通勤の種別 (該当する記号を記入)	イ	イ. 住居から就業の場所への移動　　ロ. 就業の場所から住居への移動 ハ. 就業の場所から他の就業の場所への移動 ニ. イに先行する住居間の移動　　ホ. ロに接続する住居間の移動
(ロ)	負傷又は発病の年月日及び時刻		令和5年　6月16日　午前/後　8時45分頃
(ハ)	災害発生の場所	飯田市桜町○丁目 桜町銀行本店前市道	(ニ) 就業の場所 (災害時の通勤の種別がハに該当する場合は移動の終点たる就業の場所)
(ホ)	就業開始の予定年月日及び時刻 (災害時の通勤の種別がイ、又はニに該当する場合は記載すること)		令和5年　6月16日　午前/後　9時00分頃
(ヘ)	住居を離れた年月日及び時刻 (災害時の通勤の種別がイ、ニ又はホに該当する場合は記載すること)		令和5年　6月16日　午前/後　8時00分頃
(ト)	就業終了の年月日及び時刻 (災害時の通勤の種別がロ、又はホに該当する場合は記載すること)		年　月　日　午前/後　時　分頃
(チ)	就業の場所を離れた年月日及び時刻 (災害時の通勤の種別がロ又はハに該当する場合は記載すること)		年　月　日　午前/後　時　分頃

(リ)	災害時の通勤の種別に関する移動の通常の経路、方法及び所要時間並びに災害発生の日に住居又は就業の場所から災害発生の場所に至った経路、方法、所要時間その他の状況	自宅　徒歩 20分　飯田駅　飯田線 15分　桜町駅　徒歩 15分　会社 〔通常の通勤所要時間　　時間 50分〕

(ヌ)	災害の原因及び発生状況 (あ)どのような場所を (い)どのような方法で移動している際に (う)どのような物で又はどのような状況において (え)どのようにして災害が発生したか (お)⑱との初診日が異なる場合はその理由を簡明に記載すること	JR桜町駅から会社まで徒歩で出勤中、桜町○丁目桜町銀行本店前の市道で道路の縁石につまづき、転倒し、左手首を骨折した。

(ル)	現認者の　住所	飯田市桜町○-○
	氏名	○○ヒサ　　　　電話(○○○)○○-○○○

(ヲ)	転任の事実の有無 (災害時の通勤の種別がニ又はホに該当する場合)	有・無	(ワ)	転任直前の住居に係る住所	

⑱健康保険日雇特例被保険者手帳の記号及び番号		

		㉒その他就業先の有無	
有 無	有の場合のその数 (ただし表面の事業場を含まない)	有の場合でいずれかの事業で特別加入している場合の特別加入状況 (ただし表面の事業を含まない)	
	社	労働保険事務組合又は特別加入団体の名称	
	労働保険番号(特別加入)	加入年月日	年　月　日

どのような場所で、どのような状態で、どのようにして災害が発生したかを、わかりやすく記入してください。負傷または発病の年月日と初診日が異なる場合はその理由も記入してください。

災害発生の事実を確認した人の氏名を記入してください。該当者がいない場合は、災害発生の報告を受けた事業場の方の職名、氏名を記入してください。

複数の事業場で就業されている場合で、かつ特別加入している場合に記入してください。

複数の事業場で就業されている場合、「有」に○をつけ、事業場数を記入してください。

派遣労働者の方で、療養給付のみの請求である場合には、派遣先事業主から、派遣元事業主が証明する事項の記載内容が事実と相違ないことの証明を受けてください。

[項目記入に当たっての注意事項]
1　記入すべき事項のない欄又は記入枠は空欄のままとし、事項を選択する場合には当該事項を○で囲んでください。(ただし、⑱欄並びに⑨及び⑩欄の元号については該当番号を記入枠に記入してください。)
2　傷病年金の受給権者が当該傷病にかかる療養の給付を請求する場合には、⑤労働保険番号欄に左詰で年金証書番号を記入してください。また、⑨及び⑩は記入しないでください。
3　⑱は、請求人が健康保険の日雇特例被保険者でない場合には記載する必要はありません。
4　(ホ)は、災害時の通勤の種別がハの場合には、移動の終点たる就業の場所における就業開始の予定時刻を、ニの場合には、後続するイの移動の終点たる就業の場所における就業開始の予定の年月日及び時刻を記載してください。
5　(ヘ)は、災害時の通勤の種別がハの場合には、移動の起点たる就業の場所における就業終了の年月日及び時刻を、ホの場合には、先行するロの移動の起点たる就業の場所における就業終了の年月日及び時刻を記載してください。
6　(チ)は、災害時の通勤の種別がハの場合には、移動の起点たる就業の場所を離れた年月日及び時刻を記載してください。
7　(リ)は、通常の通勤の経路を図示し、災害発生の場所及び災害発生の日に住居又は就業の場所から災害発生の場所に至った経路を朱線等を用いて分かりやすく記載するとともに、その他の事項についてもできるだけ詳細に記載してください。

[標準字体記入にあたっての注意事項]
　□□□で表示された記入枠に記入する文字は、光学式文字読取装置(OCR)で直接読取りを行いますので、以下の注意事項に従って、表面の右上に示す標準字体で記入してください。
1　筆記用具は黒ボールペンを使用し、記入枠からはみださないように書いてください。
2　「促音」「よう音」などは大きく書き、濁点、半濁点は1文字として書いてください。
(例)　キッテ→キツテ　　キョ→キヨ　　バ→ハ゛
3　シツソンは斜の弧を書き始めるとき、小さくカギを付けてください。
4　Iはカギを付けないで垂直に、4の2本の縦線は上で閉じないで書いてください。

派遣先事業主 証明欄	派遣元事業主が証明する事項(表面の⑩並びに(ロ)、(ハ)、(ニ)、(ホ)、(ト)、(チ)、(リ)(通常の通勤の経路及び方法に限る。)及び(ヲ)の記載内容について事実と相違ないことを証明します。		
	年　月　日	事業の名称	電話(　)　- 〒　-
		事業場の所在地	
		事業主の氏名	
		(法人その他の団体であるときはその名称及び代表者の氏名)	

社会保険 労務士 記載欄	作成年月日・提出代行者・事務代理者の表示	氏　名	電話番号
			(　)　-

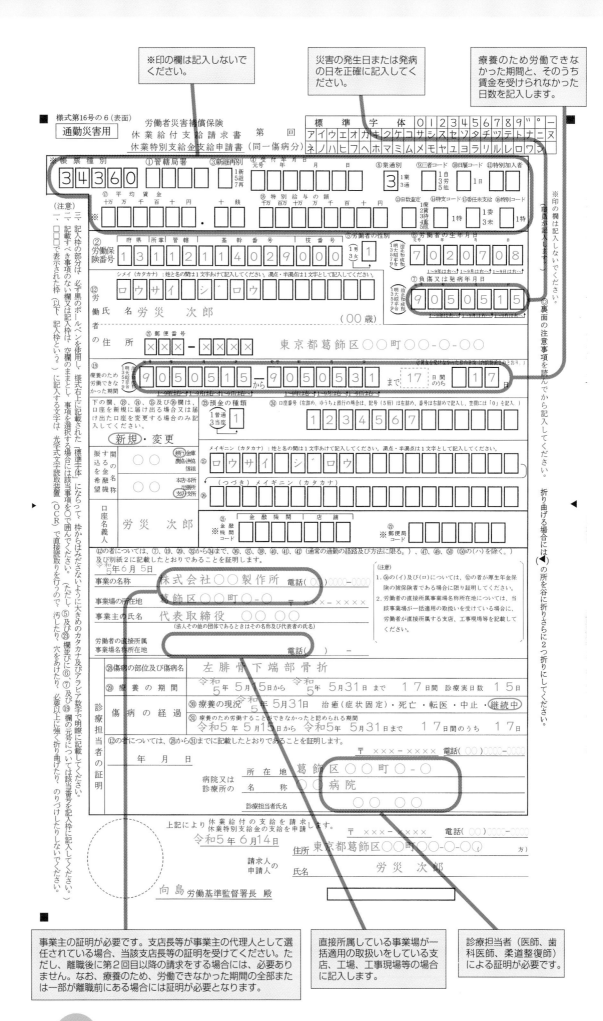

様式第16号の6（表面）

労働者災害補償保険
通勤災害用
休業給付支給請求書 第 回
休業特別支給金支給申請書（同一傷病分）

※印の欄は記入しないでください。

災害の発生日または発病の日を正確に記入してください。

療養のため労働できなかった期間と、そのうち賃金を受けられなかった日数を記入します。

事業主の証明が必要です。支店長等が事業主の代理人として選任されている場合、当該支店長等の証明を受けてください。ただし、離職後に第2回目以降の請求をする場合には、必要ありません。なお、療養のため、労働できなかった期間の全部または一部が離職前にある場合には証明が必要となります。

直接所属している事業場が一括適用の取扱いをしている支店、工場、工事現場等の場合に記入します。

診療担当者（医師、歯科医師、柔道整復師）による証明が必要です。

災害時の通勤の種別について、該当する記号を記入してください。

通勤の種別により、記入項目が異なります。

災害時の通勤の種別に関する移動の通常の通勤経路、方法、所要時間と、災害発生の日に住居または就業の場所から災害発生の場所に至った経路、方法、所要時間をわかりやすく記入してください。なお、地図を貼付して書き入れることや、適宜別紙に記載してあわせて提出することも可能です。

様式第16号の6（裏面）

㉜ 労働者の職種	㉝ 負傷又は発病の年月日及び時刻	㉞ 平均賃金（算定内訳別紙1のとおり）
経理事務職	令和5年 5月15日 午後 8時45分頃	11,921 円 34 銭

㉟	災害時の通勤の種別（該当する記号を記入）	イ	イ. 住居から就業の場所への移動　　　ロ. 就業の場所から住居への移動 ハ. 就業の場所から他の就業の場所への移動 ニ. イに先行する住居間の移動　　　ホ. ロに後続する住居間の移動

㊱	災害発生の場所	葛飾区〇〇町〇−〇−〇　歩道

㊲	就業の場所 （災害時の通勤の種別がハに該当する場合は移動の終点たる就業の場所）	葛飾区〇〇町〇−〇

㊳	就業開始の予定年月日及び時刻 （災害時の通勤の種別がイ、ハ又はニに該当する場合は記載すること）	令和5年 5月 15日 午後 9時 00分頃

㊴	住居を離れた年月日及び時刻 （災害時の通勤の種別がイ、ニ又はホに該当する場合は記載すること）	令和5年 5月 15日 午後 8時 00分頃

㊵	就業終了の年月日及び時刻 （災害時の通勤の種別がロ、ハ又はホに該当する場合は記載すること）	年 月 日 午前後 時 分頃

㊶	就業場所を離れた年月日及び時刻 （災害時の通勤の種別がロ又はハに該当する場合は記載すること）	年 月 日 午前後 時 分頃

㊷	災害時に通勤の種別に関する移動の通常の経路、方法及び所要時間並びに災害発生の日に住居又は就業の場所から災害発生の場所に至った経路、方法、所要時間その他の状況	自宅 —徒歩 15分— 〇〇駅 —JR〇線 20分— 〇〇駅 —徒歩 15分— 会社 〔通常の通勤所要時間〕 時間 50 分

㊸	災害の原因及び発生状況 （あ）どのような場所を （い）どのような方法で移動している際に （う）どのような物で又はどのような状況において （え）どのようにして災害が発生したか （お）⑦と初診日が異なる場合はその理由を簡明に記載すること	JR〇〇駅から会社まで徒歩で出勤中、〇〇町〇丁目の 〇郵便局前の歩道で道路の縁石に左足をぶつけ、左腓 骨下端部を骨折した。 救急搬送され、A病院を受診した。

㊹	現認者の	住所 葛飾区〇〇町〇−〇−〇　〇郵便局　　電話(〇〇)〇〇〇〇−〇〇〇〇 氏名 〇〇〇〇郵便局員

㊺	第三者行為災害	該当する ・ 該当しない

㊻	健康保険日雇特例被保険者手帳の記号及び番号	

㊼	転任の事実の有無 （災害時に通勤の種別がニ又はホに該当する場合）	有 ・ 無	㊽	転任直前の住居に係る住所	

㊾	休業給付額・休業特別支給金額の改定比率	（平均給与額証明書のとおり）

㊿ 厚生年金保険等の受給関係	（イ）基礎年金番号		（ロ）被保険者資格の取得年月日		年 月 日
	（ハ）当該傷病に関して支給される年金の種類等	年金の種類	厚生年金保険法の	イ 障害年金 ロ 障害厚生年金	
			国民年金法の	ハ 障害年金 ニ 障害基礎年金	
			船員保険法の	ホ 障害年金	
		障害等級			級
		支給される年金の額			円
		支給されることとなった年月日		年 月 日	
		基礎年金番号及び厚生年金等の年金証書の年金コード			
		所轄年金事務所等			

	〔51〕その他就業先の有無		
有 無	有の場合のその数 （ただし表面の事業場を含まない） 1 社	有の場合でいずれかの事業で特別加入している場合の特別加入状況 （ただし表面の事業を含まない）	
	労働保険番号（特別加入）	労働保険事務組合又は特別加入団体の名称	
		加入年月日	年 月 日
		給付基礎日額	円

社会保険労務士記載欄	作成年月日・提出代行者・事務代理者の表示	氏 名	電話番号
			( ) −

複数の事業場で就業されている場合、「有」に〇をつけ、事業場数を記入してください。

複数の事業場で就業されている場合で、かつ特別加入している場合に記入してください。

〔注　意〕

一、所定労働時間後に負傷した場合には、当該負傷した日を除いて記載してください。

二、別紙1①欄には、平均賃金算定基礎期間中に業務外の傷病の療養等のために休業した期間が含まれ、その期間の日数及びその期間中の賃金を別紙1①欄に記載し、控除して算定した平均賃金の額がその算定基礎となる期間に相当する賃金の額を超える場合に記載し、控除する期間及び賃金の内訳を別紙1②欄に記載してください。この場合は、この算定方法による平均賃金に相当する額を記載してください。

三、別紙2は、⑳欄の「賃金を受けなかった日」のうち通勤による負傷又は疾病に係る療養のため所定労働時間の一部について労働した日若しくは賃金が支払われた休暇が含まれる場合に限り添付してください。

四、㉞欄には、その者の給付基礎日額を記載してください。

五、㉞欄の「その他就業先の有無」で「有」に〇を付けた場合に、その他就業先ごとに⑲、⑳、㉔及び㉕欄から㉛欄までの事項を証明することができる書類その他の資料を添付してください。

（一）⑲、⑳、㉔及び㉕欄から㉛欄まで、㉜欄から㊸欄については、前回の請求又は申請の分について記載する必要はありません。

（二）㉜欄から㊸欄までの事項を証明することができる書類その他の資料は添付する必要はありません。

（三）事業主の証明は受ける必要はありません。

六、第二回目以降の請求（申請）の場合は、別紙1及び別紙2を添付してください。

七、㊻欄は、その請求（申請）が離職後における傷病の療養のために労働できなかった期間の全部又は一部が離職前にある場合に限り記載してください。

八、休業特別支給金の申請のみを行う場合には、㊿欄は記載する必要はありません。

（四）別紙1（平均賃金算定内訳）は付する必要はありません。

どのような場所で、どのような状態で、どのようにして災害が発生したかを、わかりやすく記入してください。負傷または発病の年月日と初診日が異なる場合はその理由も記入してください。

災害発生の事実を確認した方の氏名を記入してください。該当者がいない場合は、災害発生の報告を受けた事業場の方の職名、氏名を記入してください。

複数事業労働者の方は、各事業場について「別紙1」を記入して、提出してください。

労　働　保　険　番　号					氏　　　名	災害発生年月日

府県	所掌	管轄	基幹番号	枝番号
1 3	1	1 2	1 1 4 0 2 9	0 0 0

氏　名：労災　次郎

災害発生年月日：令和5年　5月15日

平均賃金算定内訳

(労働基準法第12条参照のこと。)

この欄には、労働日数等に関係なく一定の期間によって支払われた賃金を記入します。

雇　入　年　月　日	令和3年　4月　1日	常用・日雇の別	（常　用）日　雇

賃金締切日を記入します。

賃　金　支　給　方　法	（月給）・週給・（日給）・時間給・出来高払制・その他請負制	賃金締切日	毎月　末　日

災害発生日の直前の賃金締切日から遡って過去3か月間が平均賃金算定期間となりますので、当該期間における賃金計算期間を記入します。

A　月・週その他一定の期間によって支払ったもの

					計
賃金計算期間	2月　1日から 2月28日まで	3月　1日から 3月31日まで	4月　1日から 4月30日まで		計
総　日　数	28日	31日	30日	(イ)	89日
基本賃金	300,000円	300,000円	300,000円		900,000円
手　当	12,000	12,000	12,000		36,000
手　当	10,000	10,000	10,000		30,000
計	322,000円	322,000円	322,000円	(ロ)	966,000円

該当する賃金計算期間中に実際に労働した日数を記入します。
なお、年次有給休暇を取得した日数は、労働日数に算入してください。

B　日若しくは時間又は出来高払制その他の請負制によって支払ったもの

					計
賃金計算期間	2月　1日から 2月28日まで	3月　1日から 3月31日まで	4月　1日から 4月30日まで		計
総　日　数	28日	31日	30日	(イ)	89日
労　働　日　数	19日	22日	20日	(ハ)	61日
基本賃金	円	円	円		
残業手当	35,000	27,000	33,000		95,000
手　当					
計	35,000円	27,000円	33,000円	(ニ)	95,000円

この欄には、労働日数、労働時間数等に応じて支払われた賃金を記入します。

総　　　　　計	357,000円	349,000円	355,000円	(ホ)	1,061,000円

平　均　賃　金	賃金総額(ホ) 1,061,000円÷総日数(イ) 89 ＝ 11,921円 34銭

両者を比較して、いずれか高い方が平均賃金とされますので本例の場合の平均賃金は11,921円34銭となります。

最低保障平均賃金の計算方法

Aの(ロ)　966,000円÷総日数(イ) 89 ＝　10,853円　93銭(ヘ)

Bの(ニ)　95,000円÷労働日数(ハ) 61×$\frac{60}{100}$ ＝　934円　42銭(ト)

(ヘ) 10,853円93銭+(ト) 934円42銭 ＝　11,788円 35銭(最低保障平均賃金)

日日雇い入れられる者の平均賃金（昭和38年労働省告示第52号による。）	第1号又は第2号の場合	賃金計算期間	(リ) 労働日数又は労働総日数	(ヌ) 賃金総額	平均賃金($\text{ヌ}÷\text{リ}×\frac{73}{100}$)
		月　日から 月　日まで	日	円	円　銭
	第3号の場合	都道府県労働局長が定める金額			円
	第4号の場合	従事する事業又は職業			
		都道府県労働局長が定めた金額			円

漁業及び林業労働者の平均賃金（昭和24年労働省告示第5号第2条による。）	平均賃金協定額の承認年月日　　年　　月　　日　職種　　　　平均賃金協定額　　　　円

① 賃金計算期間のうち業務外の傷病の療養等のため休業した期間の日数及びその期間中の賃金を業務
　 上の傷病の療養のため休業した期間の日数及びその期間中の賃金とみなして算定した平均賃金
　 (賃金の総額(ホ)－休業した期間にかかる②の(リ)) ÷ (総日数(イ)－休業した期間②の(チ))
　 (　　　　　円－　　　　　円) ÷ (　　　　　日－　　　　　日) ＝　　　　　円　　銭

様式第16号の6（別紙3）

複数事業労働者用

複数事業労働者の方のみ、様式第16号の6（表面）で記入した事業場以外の事業場ごとに、この別紙を記入してください。

様式第16号の6（表面）で記入した事業場以外の事業場の労働保険番号を記入してください。

① 労働保険番号（請求書に記載した事業場以外の就労先労働保険番号）

都道府県	所掌	管轄	基幹番号	枝番号
1 3	1	1 2	4 4 4 0 2 9	0 0 0

② 労働者の氏名・性別・生年月日・住所

（フリガナ氏名）ロウサイ　ジロウ	（男）	生年月日
（漢字氏名）　労災　　次郎	女	（昭和・平成・令和）　2 年 7 月 8 日

〒　×××　－　××××

（フリガナ住所）　トウキョウトカツシカク○○マチ

（漢字住所）　東京都葛飾区○○町○○－○－○○

様式第16号の6（表面）で記入した事業場以外の事業場について、「別紙1」の「平均賃金算定内訳」によって計算された平均賃金を記入してください。

③ 平均賃金（内訳は別紙1のとおり）

5,393 円　25 銭

様式第16号の6（表面）で記入した事業場以外の事業場の雇入期間を記入してください。

④ 雇入期間

（昭和・平成・令和）　4 年　4 月　1 日　から　現在　年　月　日　まで

⑤ 療養のため労働できなかった期間

令和　5 年 5 月 15日　から　5 年 5 月 31日　まで　17 日間のうち
⑥ 賃金を受けなかった日数（内訳は別紙2のとおり）　14 日

様式第16号の6（表面）で記入した事業場以外の事業場について、療養のため労働ができなかった期間と、そのうち賃金を受けられなかった日数を記入してください。

⑦ 厚生年金保険等の受給関係

（イ）基礎年金番号　　　　　　　　　　（ロ）被保険者資格の取得年月日　　　年　　月　　日

（ハ）当該傷病に関して支給される年金の種類等

年金の種類　　厚生年金保険法の　　イ　障害年金　　ロ　障害厚生年金

　　　　　　　国民年金法の　　　　ハ　障害年金　　ニ　障害基礎年金

　　　　　　　船員保険法の　　　　ホ　障害年金

障害等級　　　　　級　　支給されることとなった年月日　　年　　月　　日

基礎年金番号及び厚生年金等の年金証書の年金コード　□□□□□□□□□□

所轄年金事務所等

同一の傷病について厚生年金保険等の年金を受給している場合にのみ記入してください。

上記②の者について、③から⑦までに記載されたとおりであることを証明します。

令和5年　6 月　○○ 日

事業の名称　　株式会社○○○工業　　　電話（○○）○○○○－○○○○

事業場の所在地　墨田区○○町○－○○－○

事業主の氏名　　代表取締役　　○○○○

向島 労働基準監督署長　殿

事業主の証明が必要です。支店長等が事業主の代理人として選任されている場合、当該支店長等の証明を受けてください。

社会保険労務士記載欄	作成年月日・提出代行者・事務代理者の表示	氏　名	電話番号
			（　）　－

17

業務・通勤災害の主たる相違点

	業務災害	複数業務要因災害	通勤災害
労基法による使用者の補償責任	あり	なし	なし
被災労働者の費用負担 [注1)	なし	なし	あり
特別加入者への適用 [注2)	あり	あり	あり（一部を除く）
事業主が故意または重大な過失により生じさせた業務災害の原因である事故に対する費用徴収 [注3)	あり	なし	なし
労災保険率 [注4)	事業の種類ごとに制定	事業の種類ごとに制定	一律1,000分の0.6
労災保険率メリット制度への影響 [注5)	あり	なし	なし
労基法19条の解雇制限の適用	あり	なし	なし

注1） 初回の休業給付を支給する際に、200円を超えない範囲で一部負担金として徴収（第三者の行為によって生じた事故により療養給付を受ける者などは除かれます。）されます。

注2） 特別加入者のうち①個人タクシー・個人貨物運送業者、②漁船による自営業者、③特定農作業従事者、④指定農業機械作業従事者、⑤家内労働者等は通勤災害の適用はありません。

注3） 「法令に危害防止のための直接的かつ具体的な措置が規定されている場合に、事業主が当該規定に明確に違反したため、事故を発生したと認められるとき」「法令に危害防止のための直接的措置が規定されているが、その規定する措置が具体性に欠けている場合に、事業主が監督行政庁より具体的措置について指示を受け、その措置を講ずることを怠ったため事故を発生したと認められるとき」「法令に危害防止のための措置が規定されていないが、事故発生の危険が明白かつ急迫であるため、事業主が監督行政庁より具体的措置について指示を受け、その措置を講ずることを怠ったため事故を発生したと認められるとき」は費用徴収の対象となります。

注4） 通勤災害の労災保険率1,000分の0.6には、二次健康診断等給付を含みます。

注5） 労働災害の発生率によって一定の要件（原則、100人以上の労働者を使用する事業）を満たす事業場の保険率を、事業主負担の公平化、災害防止努力を促進すること等を目的として、原則、±40％（継続事業・一括有期事業）の範囲内で保険率を増減させる制度です。

6　社会復帰促進等事業

被災労働者の社会復帰の促進およびその遺族等の援護等を図るため、次の事業を行っています。

①　療養に関する施設およびリハビリテーションに関する施設の設置・運営など、社会復帰の促進のための必要な事業

②　被災労働者の療養生活の援護や介護の援護、遺族の就学の援護など、被災労働者やその遺族への援護を図るために必要な事業

③　業務災害の防止に関する活動に対する援助、健康診断に関する施設の設置等の

ほか、労働者の安全衛生の確保、保険給付の適切な実施の確保、賃金の支払いの確保などを図るための必要な事業

また、社会復帰促進等事業のうち、保険給付等に関連する主な事業の内容は、次のとおりです。

① 各種保険給付に伴う特別支給金、特別一時金・特別年金^(注)

② 一定の傷病に対して治ゆ（症状固定）後に再発や後遺障害に伴う新たな病気を防ぐための予防、その他保健上の措置を講じるためのアフターケア制度

③ 四肢の喪失など、一定の欠損障害または機能障害が残った方に対する義肢等補装具の費用の支給

④ 外科後処置として、障害（補償）等給付を受けた者で義肢等装着のための断端部の再手術、醜状の軽減のための再手術等

注）特別支給金の種類と内容

支給金の種類	支 給 内 容
休業特別支給金	負傷・疾病による、療養のため労働することができないため賃金を受けない日の4日目から給付基礎日額の20%を支給
障害特別支給金	負傷・疾病が治り身体に障害が残ったとき、障害等級に応じて342万円（第1級）〜8万円（第14級）の範囲で一定額を支給
遺族特別支給金	労働者が死亡後、一定の要件を満たす遺族に対して、一律300万円を支給
傷病特別支給金	負傷、疾病に対する療養中に、一定の要件を満たす労働者に対して、傷病等級に応じて114万円（第1級）〜100万円（第3級）までの一時金を支給
障害特別年金	障害年金の受給権者に対して、負傷・発病前1年間に受けていた特別給与（賞与等）を受けていた場合、算定基礎日額を算出し、障害年金の支給日数（313日分〜131日分）を乗じて得た額の年金を支給
障害特別一時金	障害一時金の受給権者に対して、算定基礎日額に、障害一時金の支給日数（503日分〜56日分）を乗じて得た額の一時金を支給
遺族特別年金	遺族年金の受給権者に対して、算定基礎日額に、遺族の数等（1人〜4人以上）に応じ、遺族年金の支給日数（153日分〜245日分）を乗じて得た額の年金を支給
遺族特別一時金	遺族一時金の受給権者に対して、算定基礎日額に、1,000日分を乗じて得た額の一時金を支給
傷病特別年金	傷病年金の受給権者に対して、算定基礎日額に、傷病年金の支給日数（313日〜245日）を乗じて得た額の年金を支給

注）各種特別年金・一時金は、次の算定基礎年額、算定基礎日額をもとに算定されます。
「算定基礎年額」負傷・発病前1年間に支給を受けた特別給与（賞与等）の額か、給付基礎日額に365日を乗じて得た額の20%相当額のどちらか低いほうの額（150万円を限度とする）となります。
「算定基礎日額」算定基礎年額を365日で除した額で、円未満切り上げします。
なお、特別給与を受けていなかった場合は特別年金・一時金は支給対象とはなりません。

Ⅱ 請求手続と時効

1 請求手続

　業務上の事由または通勤による負傷、疾病、障害、死亡等に対する保険給付を受ける権利は被災者もしくはその遺族が有しています。

　このことから、請求については、事業主が判断するものではなく、被災者もしくはその遺族の意思に基づいて請求手続を行うことが原則です。

　労災保険法では、請求手続に関する「事業主の助力等」に対して、次のとおり規定されています。

① 「保険給付を受けるべき者が、事故のため、みずから保険給付の請求その他の手続を行うことが困難である場合は、事業主は、その手続を行うことができるように助力しなければならない。」

② 「事業主は、保険給付を受けるべき者から保険給付を受けるために必要な証明を求められたときは、すみやかに証明をしなければならない。」

　　（労働者災害補償保険法施行規則（以下「労災保険法施行規則」といいます。）第23条第1項・2項）

　事業主の証明は、災害発生年月日、災害の原因および発生状況などを明らかにするためのものであって、業務上の事由または通勤による負傷等に該当するか否かの判断を求めているものではありません。

　業務・通勤上外の認定は、請求書の提出を受けた労基署長が行いますので、誤解のないようにしなくてはなりません。

　被災者もしくは遺族は、やむを得ない事情によって事業主の証明を得られない請求書であっても、労基署長あてに提出することができます。

　事業主の証明の有無によって労基署長の認定に影響を与えるものではありません。

　請求書の提出先は、原則、被災者が所属する事業場の所在地を管轄する労基署長あてとなります。

　請求書は、労基署の窓口で入手するか、厚生労働省のホームページよりダウンロード^(注)して使用することができます。

注）「労災保険給付関係請求書等ダウンロード」掲載先および検索方法
　　厚生労働省ホームページ→政策について→分野別の政策一覧→雇用・労働→労働基準 →労災補償→労災保険給付関係請求書等ダウンロード→主要様式ダウンロードコーナー（労災保険給付関係主要様式）
　　　　https://www.mhlw.go.jp/stf/seisakunitsuite/bunya/koyou_roudou/roudoukijun/rousaihoken.html

2 時 効

　保険給付等を受ける権利の行使は容易であって、これらの権利を長期にわたって不安定なもとにおくことは、煩雑な事務をより複雑化するおそれがあることから、保険給付を受ける権利の時効が規定されています。

保険給付の種類ごとの時効（労災保険法第42条）

給付の種類	期　間	起　算　日
療養（補償）等給付	2　年	療養に要する費用を支出した日または費用の支出が具体的に確定した日ごとにその翌日
休業（補償）等給付		療養のため労働することができないために賃金を受けない日ごとにその翌日
介護（補償）等給付		月単位で支給されるため、介護を受けた日の属する月の翌月の初日
葬祭料等（葬祭給付）		労働者が死亡した日の翌日
障害（補償）等給付	5　年	傷病が治ゆ（症状固定）に至った日の翌日
遺族（補償）等給付		労働者が死亡した日の翌日
二次健康診断等給付	2　年	一次健康診断の結果通知を受けた日の翌日

※　（　）内の名称（例：療養補償給付）が業務災害の名称です。
※　傷病（補償）等年金については、労基署長が職権によって決定するため時効の規定はありません。

Ⅲ 審査請求等

　被災者またはその遺族などからの請求に対して、労基署長が「通勤経路の逸脱・中断中のため通勤とは認められない、あるいは通勤に起因する負傷（疾病）とは認められない」などの理由で不支給決定処分をする場合があります。

　不支給決定通知書を受けた被災者もしくは遺族などの請求人が、労基署長の処分に不服があるときは、処分のあったことを知った日の翌日から起算して３か月以内に、処分をした労基署の所在地を管轄する都道府県労働局におかれている労働者災害補償保険審査官（以下「審査官」といいます。）に対して文書または口頭で審査請求をすることができます。

　また、審査官の決定に不服がある場合は決定書の謄本が送付された日の翌日から起算して２か月以内、あるいは、審査官に対して審査請求をした日から３か月を経過しても決定がない場合は労働保険審査会（以下「審査会」といいます。）に対して文書で再審査請求をすることができます。

　なお、審査官の決定に不服がある場合で決定書の謄本が送付された日の翌日から起算して６か月以内、あるいは審査官に対して審査請求をした日から３か月を経過しても決定がない場合は、審査会に再審査請求することなく、原処分をした労基署長（国）を相手取って、裁判所へ提訴することもできます。

　また、審査会の裁決に不服がある場合は裁決書の謄本を受理した日の翌日から６か月以内、あるいは、審査会の裁決の前でも、原則、原処分をした労基署長（国）を相手取って、裁判所へ提訴（行政訴訟）をすることができます。

第2章

通勤災害の範囲

第2章 通勤災害の範囲

通勤災害の要件

通勤災害の要件については、労災保険法において次のとおり規定されています。

保険給付の種類等

第7条　この法律による保険給付は、次に掲げる保険給付とする。

1　略

2　略

3　労働者の**通勤による**負傷、疾病、障害又は死亡（以下「通勤災害」という。）に関する保険給付

4　略

②　前項第3号の通勤とは、労働者が、**就業に関し**、次に掲げる移動を、**合理的な経路及び方法**により行うことをいい、**業務の性質を有するもの**を除くものとする。

1　**住居**と**就業の場所**との間の往復

2　厚生労働省令で定める就業の場所から他の就業の場所への移動

3　第1号に掲げる往復に先行し、又は後続する住居間の移動（厚生労働省令で定める要件に該当するものに限る。）

③　労働者が、前項各号に掲げる移動の経路を**逸脱**し、又は同項各号に掲げる移動を**中断**した場合においては、当該**逸脱又は中断**の間及びその後の同項各号に掲げる移動は、第1項第3号の通勤としない。ただし、当該逸脱又は中断が、**日常生活上必要な行為**であって厚生労働省令で定めるものをやむを得ない事由により行うための最小限度^(注)のものである場合は、当該逸脱又は中断の間を除き、この限りでない。

注）　厚生労働省令で定めるものをやむを得ない事由とは、日常生活をするうえで必要なことを通勤途中で行うこと、また、最小限度とは、目的達成のために必要とする最小限度の時間、距離等と解されています。

通勤による	26頁参照	合理的な経路及び方法	42頁参照
就業に関し	30頁参照	業務の性質を有するもの	45頁参照
住居	40頁参照	逸脱又は中断	46頁参照
就業の場所	41頁参照	日常生活上必要な行為	47頁参照

通勤の形態

2および**3**の形態については、一定の要件がありますので
ご注意ください。

1　通常の場合

2　複数就業者の場合

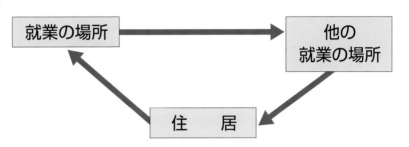

3　単身赴任者の場合

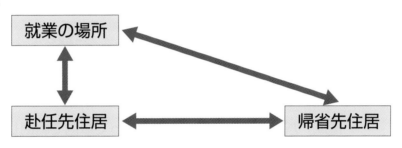

通勤の範囲

○‥‥‥‥通勤として認められるもの
×‥‥‥‥通勤として認められないもの

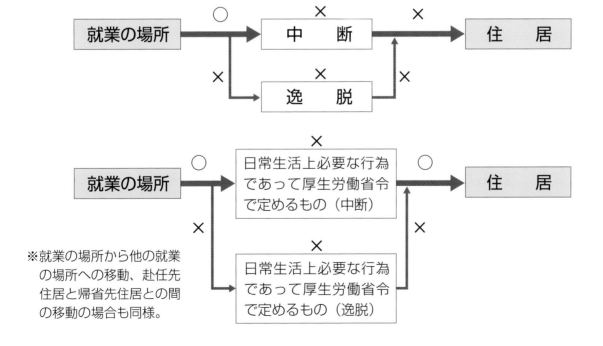

※就業の場所から他の就業
　の場所への移動、赴任先
　住居と帰省先住居との間
　の移動の場合も同様。

1 「通勤による」

　通勤災害として保険給付の対象は、その負傷等が「通勤による」ものと認められる場合に限られ、住居と就業の場所との間を移動中に被った負傷等のすべてが保険給付の対象となるものではありません。

　「通勤による」に関しては、労災保険法において明文の規定はありません。

　しかしながら、通勤と傷病との間に相当因果関係が認められることが認定要件であり、すなわち、通勤に通常伴う危険が具体化したものと経験則上認められるものでなければなりません。

　このことから、自殺、その他、被災労働者の故意によって生じた負傷等については、原則、「通勤による」ものとは認められません。

一般に、「通勤による」ものと認められる事例

- 自動車、バイク、自転車等の利用、また、歩行時に通勤の経路上で発生した第三者の不法行為による交通事故等による負傷等
- 電車・バスの急停車等が原因となって車内で転倒した際の負傷等
- 歩行中に道路の段差などにつまずいて転倒した際の負傷等
- 駅の階段で足を踏みはずした際の負傷等
- 降雪等で凍結した道路で転倒した際の負傷
- 歩行中にビルの建設現場などからの落下物による負傷等

　なお、「通勤による疾病」の範囲については、「通勤による負傷に起因する疾病その他通勤に起因することの明らかな疾病」と規定され、たとえば、走行中のタンクローリーが横転し流れ出した有害物質が原因となって発症した急性中毒症などが示されています。（労災保険法施行規則第18条の４）

　また、混雑した通勤の時間帯などでみられる他人の故意に基づく暴行については、「私的怨恨に基づくもの、自招行為によるもの、その他明らかに通勤に起因しないものを除いて、「通勤による」ものと推定すること」とされています。

（平成21年7月23日　基発0723第12号）

「第三者の不法行為による」とは

　業務または通勤による負傷等に対して保険給付の原因となった事故が、第三者（政府、事業主および被災労働者またはその遺族以外の者）の行為によって生じたもので、第三者が被災労働者等に対して損害賠償責任を負っている災害のことをいい、労災保険では、「第三者行為災害」と称しています。

　通勤途上で発生した「第三者行為災害」による負傷等に対して、被災労働者またはその遺族（以下「被災労働者等」といいます。）は、労災保険に対する請求権を得ると同時に、損害保険会社等を含む第三者（通勤災害の場合は事業主を除く）に対しても不法行為による民事上の損害賠償請求権を得ることとなります。

　しかしながら、治療費、休業損害など、同一事由の損害について重複したてん補を受けた場合、実際の損害額よりも多くの補償を受けたことになり不合理な結果が生じることになるため、保険給付と、第三者からの損害賠償との控除・調整について次のとおり規定しています。

> 「政府は、保険給付の原因である事故が、第三者の行為によって生じた場合において、保険給付をしたときは、その給付の価額の限度で、保険給付を受けた者が第三者に対して有する損害賠償の請求権を取得する。」
> 「前項の場合において、保険給付を受けるべき者が当該第三者から同一の事由について損害賠償を受けたときは、政府は、その価額の限度で保険給付をしないことができる。」（労災保険法第12条の4第1項・2項）

　交通事故の場合は、給付事務の円滑化を図るため、原則として自賠責保険等の支払いを先行させるよう取扱うこととされていますが、必ずしも強制されているものではありません。（昭和41年8月30日　基発第936号、平成8年3月5日　基発第99号）

　第三者の不法行為によって被った損害に対して、労災保険あるいは自賠責保険等、どちらの支払いを先行して受けるかについては、被災労働者等の自由意思に基づいて選択することができます。

> 　なお、「第三者行為災害」による「けが」の程度、また、物損の程度が軽微であったときは、事故発生後に当事者間で、「お互いさまにしましょう」と声をかけ別れてしまうことがあると思われますが、この「お互いさま」の言葉の中に、自分の「けが」の治療費は自分が負担することで相手に対して迷惑はかけませんというような意味を含んでいたとすれば、第三者に対する損害賠償請求権を放棄したとみなされ保険給付が受けられなくなる場合がありますので注意が必要です。

第三者とは、人の加害行為のほか、土地の工作物等の設置または保存に瑕疵^(注)があり民法717条の規定によりその占有者または所有者、動物の加害によって発生した場合はその占有者等が民法第718条の規定によって損害賠償責任を負う場合などが含まれます。

　注）「瑕疵」とは、法律用語において行為・物・権利などに本来あるべき要件や性質が欠けていることをいいます。

具体例

　「第三者行為災害」の特異的な事件として、昭和55年8月19日、新宿駅西口バスターミナルで死者6人、負傷者14人をだした路線バス放火事件、また、平成7年3月20日に起きた「地下鉄サリン事件」では、死者13人、負傷者がおおよそ6,300人という衝撃的な大惨事がありましたが、無差別殺人であったことから、就業中のバス運転者、地下鉄職員等、また、業務、通勤のためバス、地下鉄を利用されていた方は場所的に無差別犯罪に遭遇する危険性が内在していたと判断され、通勤によるもの、または、業務上の事由によるものとして労災認定が行われています。

　また、地下鉄サリン事件によって労災認定を受け、サリン中毒、精神障害を発病した方に対しては、後遺症状について増悪の予防その他の医学的措置を必要とするため、「健康管理手帳」が交付されアフターケアが実施されています。

労災補償と損害賠償との関係

1 労災保険給付を先に受けた場合 ［労災保険法第 12 条の 4 第 1 項］

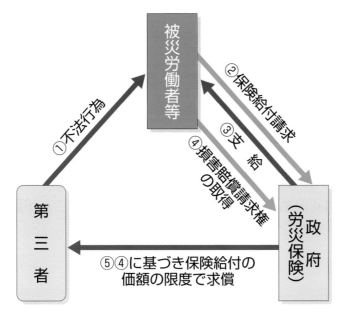

2 損害賠償を先に受けた場合 ［労災保険法第 12 条の 4 第 2 項］

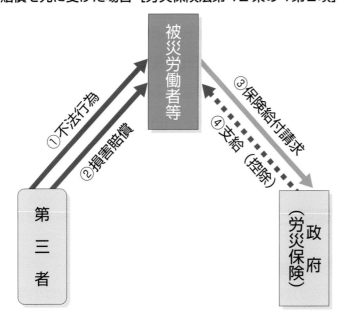

2 「就業に関し」

　住居と就業の場所との間を移動する往復行為は、業務に従事するため、または、業務が終了したことによって行われるものであり、往復行為が業務と密接な関連をもっていることが認定要件のひとつとなります。

　業務とは、所定の就業の場所で行われる業務はいうまでもありません。

一般に「就業との関連性」が認められる事例

・事業主の命を受けて得意先などへ依頼品等を届けに行く行為

・本来の業務ではなくとも、事業主の命によって参加することが強制的に拘束されている会社主催の行事

一般に「就業との関連性」が認められない事例

・休日に会社の運動施設などを利用するための往復行為

・会社に個人的な忘れ物を取りに行くための往復行為

・退職した翌日にあいさつや私物等を整理するために会社へ赴く行為

・労働者の自由意思に委ねられている会社主催の行事に参加する行為

・同僚間で行う懇親会・送別会などへ参加する行為

・労働者が労働組合大会へ参加する場合、組合専従職員以外の者

（1）　住居と就業の場所との間の往復 （労災保険法第7条第2項第1号）

①　出勤に関する「就業との関連性」

　業務に従事するため、所定の就業開始時刻を目途に住居を出て就業の場所へ向かう移動については、「就業との関連性」が認められることはいうまでもありません。

「就業との関連性」が認められる事例

- うっかり寝過ごしてしまったときの遅刻
- 交通機関等のラッシュを避けるために早めに住居を出る行為
- 業務に関連する書類等のほか、通勤に必要な定期券、住居等の鍵、財布などの忘れ物を取りに住居へ戻るための行為
- 交通機関の運行状況、自然現象の不可抗力的な出来事など、やむを得ない事情によって住居へ戻らざるを得ない行為

「就業との関連性」が認められない事例

- 午後からの就業が予定されているにもかかわらず、所定の就業開始時刻と著しくかけ離れた時刻[注]に住居を出て就業の場所へ向かう行為
- 出勤の途中に遅刻することが明らかとなったため、会社に連絡して休暇の許可を得て自宅へ引き返す行為

注)「所定の就業開始時刻と著しくかけ離れた時刻」とは、おおむね２時間を超えたものとされています。
（平成18年3月31日　基労管発第0331001号　基労補発第0331003号）

　なお、日々雇用される労働者の場合は、一般に日々雇用されることが決まったときに雇用関係が生じることとなるため、ハローワークなどでその日の仕事の紹介を受けたのちに、紹介先へ向かう場合は、その事業で就業することが見込まれるものとして「就業との関連性」が認められます。

　しかしながら、当日の仕事の紹介を受けるためハローワークなどに行く間の移動は、職業紹介を受けるための行為であって、就業のための移動ということはできないと解されていますので、「就業との関連性」は認められません。

②　退勤に関する「就業との関連性」

　業務を終了した後に直ちに住居へ向かう場合は、「就業との関連性」が認められることはいうまでもありません。

「就業との関連性」が認められる事例

・所定の業務が終了する前に上司等の承認を得て早退するような場合

・所定労働時間の間に、昼休みなどの比較的長い休憩時間を利用して、昼食をとるなどの目的で一旦帰宅し、昼食後に再び就業の場所へ戻るための往復行為

・業務に関連する書類等のほか、通勤に必要な定期券、住居等の鍵、財布などの忘れ物を取りに就業の場所へ戻るための移動

・交通機関の運行状況、自然現象の不可抗力的な出来事など、やむを得ない事情によって就業の場所へ戻らざるを得ない移動

　なお、業務が終了した後に、社内で同僚等と雑談、サークル活動・労働組合の会合への参加、懇親会等への出席など、私的な事由による時間を過ごしたのちに会社を出るような場合は、社会通念上、就業との直接的関連性を失うと認められるほど長時間[注]となるような場合を除いて、「就業との関連性」を認めても差し支えないとされています。

注）　就業との直接的関連性を失うと認められるほどの長時間については、具体的に明文の規定はありません。
　　しかしながら、業務終了後に、労働組合の用務のため事業場施設内で2時間5分滞在した時間を、就業との関連性を認めても差し支えないと判断された事例があります。

（昭和49年11月15日　基収第1881号）

「就業に関し」の裁決例

事　実

得意先事業場の社長と社内で打合せ後、午後８時から１時間程度、料理屋に場所を移して打合せを行った。

さらに、午後９時ころから２時間30分程度、得意先事業場の社長とクラブで飲食し一旦帰社した後、３時間程度経過してバイクで帰宅途中の事故

判　断

得意先事業場の社長と料理屋における打合せについては、被災者の仕事の性格上業務との関連性を有するものと認められる。

しかし、クラブでの飲食については、飲食時間が２時間30分近くに及んでおり、打合わせとしての性格を有する話の時間はわずかであり、懇親のための私的な飲食としての性格が強く、社会通念上業務性を肯定することはできない。

次に、被災者が午前１時に帰社してから、再度外出し午前２時30分ころ戻っているが、その際はかなり酔っていたものであり、また、退社するまでの間業務に従事した事実も認められない。

以上により、被災者は業務から離脱して相当時間を経過した後に帰宅し、その途中で事故にあったもので、就業に関して住居と就業の場所を往復したものということはできない。

なお、仮に帰社後業務に復帰していたとしても、被災者のアルコール摂取量は、オートバイの運転にかなり危険であったと認められることから、被災者のとった帰宅方法は、合理的な範囲を逸脱しているものと言わざるを得ない。

（昭和62年５月28日　労働保険審査会）

(2) 厚生労働省令で定める就業の場所から他の就業の場所への移動
（労災保険法第7条第2項第2号）

　複数の事業場で就業している労働者が、第1の事業場から第2の事業場への移動は、第2の事業場の労務の提供に必要不可欠な行為となりますので、事業場の就業規則などで、兼業禁止に関する規定の有無にかかわらず、この間の負傷等に対しては、通勤災害として、第2の事業場の保険関係によって保護することとされています。

　厚生労働省令で定める就業の場所とは、労災保険法第3条第1項^(注1)の適用事業（整備法第5条第1項の暫定任意適用事業を含みます。）として保険関係が成立している就業の場所、または、労災保険法第34条・35条・36条の規定^(注2)による労働者とみなされる特別加入者の就業の場所等と規定されています。

注1）　労災保険法においては、「労働者を使用する事業を適用事業とする。」と規定しています。（6頁参照）

注2）　労災保険法第34条「中小事業主等の特別加入」、第35条「一人親方等の特別加入」、また、第36条では「海外派遣者の特別加入」について規定しています。（8頁参照）

※　この制度は、複数就業者の増加傾向に鑑み、第1の事業場から第2の事業場に直接向かう場合は、通常、労働者個人の私的な行為が介在しないこと、事業場間の移動による災害は、ある程度不可避的に生ずる社会的危険である等の理由により、労災保険法の一部改正が行われ、平成18年4月1日から施行されています。

※　第1から第2の事業場へ移動中の負傷等によって、労働することができないため賃金を受けない日の第4日目から支給される休業給付の給付基礎日額（原則、労基法第12条の平均賃金に相当する額）は、令和2年9月1日施行の労災保険法の一部改正により、各就業先の事業場で支払われている賃金額を合算した額を基礎として決定されることになりました。

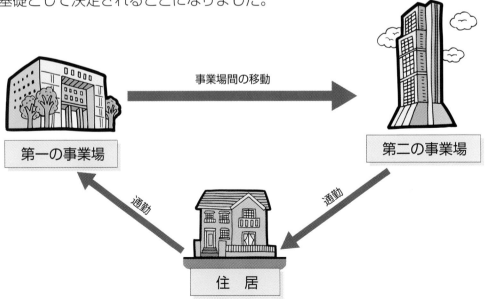

⑶　第1号に掲げる往復に先行し、又は後続する住居間の移動

（厚生労働省令で定める要件に該当する者に限る。）（労災保険法第7条第2項第3号）

　単身赴任は、労働者を本来の住居から通勤することが困難な場所で就労させなければならないという事業主側の必要性と、持家があることや子供の転校を避けるなどの労働者側の事情を両立させるために、やむを得ず行われている就業形態であり、単身赴任者が赴任先の住居と帰省先の住居との間を移動する行為は、「勤務先において労務を提供するために赴任先の住居に居住していること」、「労働者の家族が帰省先の住居に居住していること」からすれば、必然的に行わざるを得ない行為であるとして、以下の要件を満たし、「就業との関連性」を有している移動については通勤とされています。

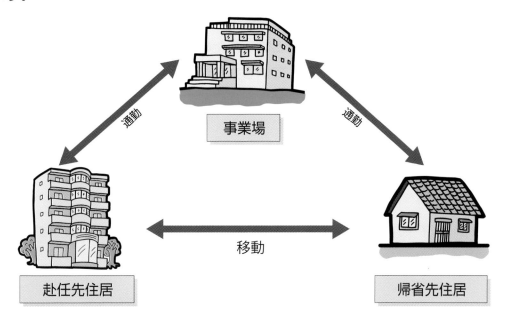

① 転任に伴い、転任直前の住居と転任直後の就業の場所との間を日々往復することが当該往復の距離等を考慮して困難となったため住居を移転した労働者であって、やむを得ない事情で同居していた配偶者（事実上婚姻関係と同様の事情がある方を含みます。）と別居しているもの

ア　配偶者が、要介護状態（負傷、疾病又は、身体・精神上の障害により2週間以上の期間について常時介護を要する状態）にある労働者もしくは配偶者の父母または同居の親族を介護すること

イ　配偶者が、学校教育法（昭和22年法律第26号）第1条に規定する学校、同法第124条に規定する専修学校もしくは同法第134条第1項に規定する各種学校（以下「学校等といいます。」）に在学し、児童福祉法（昭和22年法律第164号）第39条第1項に規定する保育所（以下「保育所」といいます。）もしくは就学前の子供に関する教育、保育等の総合的な提供の推進に関する法律（平成18年法

律第77号）第2条第7項に規定する幼保連携型認定こども園（以下「幼保連携型認定こども園」といいます。）に通い、または職業能力開発促進法（昭和44年法律第64号）第15条の7第3項に規定する公共職業能力開発施設の行う職業訓練（職業能力開発総合大学校を含む。以下「職業訓練」といいます。）を受けている18歳に達する日以後の最初の3月31日までの間にある同居の子供の養育を行っているとき

ウ　配偶者が、引き続き就業をすること

エ　配偶者が、労働者または配偶者が所有する住宅を管理するため、引き続き居住すること

オ　その他、配偶者が労働者と同居できないと認められるア～エに類する事情

② **転任に伴い、転任直前の住居と転任直後の就業の場所との間を日々往復することが当該往復の距離等を考慮して困難となったため住居を移転した配偶者がいない労働者で、同居していた子供と別居しているもの**

ア　要介護状態にある子供を、引き続き転任直前の地域において介護を受けなければならないこと

イ　18歳に達する日以後の最初の3月31日までの間にある子供が、学校等に在学し、保育所もしくは幼保連携型認定こども園に通い、または職業訓練を受けていること

ウ　その他、子供が労働者と同居できないと認められるアまたはイに類する事情があること

③ **転任に伴い、転任直前の住居と転任直後の就業の場所との間を日々往復することが距離等を考慮して困難となったため住居を移転した配偶者および子供がいない労働者で、転任直前まで要介護状態にある労働者の父母または親族と別居しているもの**

ア　転任の直前まで労働者が介護をしていた要介護状態にある父母または親族が、引き続き転任の直前の地域において介護を受けなければならないこと

イ　その他、父母または親族が労働者と同居できないと認められるアに類する事情があること

④ **その他、①～③に類する労働者**

転任労働者の移動に関する留意事項

① **「転任」の範囲**

「転任」とは、企業の命を受け就業する場所が変わることをいい、就業の場所が移転した場合も含まれます。

② 「距離等を考慮して困難」の範囲

転任直前の住居と転任後の就業の場所との間の距離は、最も経済的かつ合理的な経路で判断されますが、具体的には徒歩および鉄道距離などを合わせて60km以上である場合、または60km未満であっても、移動方法、移動時間、交通事情等から判断して通勤が困難と認められる場合が示されています。

③ 「要介護状態」の判断基準

ア　第1表に掲げる、歩行・排泄・食事・入浴・着脱衣のうち、全部介助が1項目以上および一部介助が2項目以上で、その状態が継続すると認められること

イ　第2表に掲げる、攻撃的行為・自傷行為・火の扱い・徘徊・不穏興奮・不潔行為・失禁の問題行動のうちいずれか1項目以上が重度または中度に該当し、その状態が継続すると認められること

〈第1表〉

事項　　態様	1　自分で可	2　一部介助	3　全部介助
ア　歩行	杖等を使用し、かつ、時間がかかっても自分で歩ける	付添いが手や肩を貸せば歩ける	歩行不可能
イ　排泄	・自分で昼夜とも便所でできる ・自分で昼は便所、夜は簡易便器を使ってできる	・介助があれば簡易便器でできる ・夜間はおむつを使用している	常時おむつを使用している
ウ　食事	スプーン等を使用すれば自分で食事ができる	スプーン等を使用し、一部介助すれば食事ができる	臥床のままで食べさせなければ食事ができない
エ　入浴	自分で入浴でき、洗える	・自分で入浴できるが、洗うときだけ介助を要する ・浴槽の出入りに介助を要する	・自分でできないので、全て介助しなければならない ・特殊浴槽を使っている ・清拭を行っている
オ　着脱衣	自分で着脱できる	手を貸せば、着脱できる	自分でできないので全て介助しなければならない

〈第2表〉

行動 / 程度	重　度	中　度	軽　度
ア 攻撃的行為	人に暴力をふるう	乱暴なふるまいを行う	攻撃的な言動を吐く
イ 自傷行為	自殺を図る	自分の体を傷つける	自分の衣服を裂く、破く
ウ 火の扱い	火を常にもてあそぶ	火の不始末が時々ある	火の不始末をすることがある
エ 徘徊	屋外をあてもなく歩き回る	家中をあてもなく歩き回る	時々部屋内をうろうろする
オ 不穏興奮	いつも興奮している	しばしば興奮して騒ぎ立てる	ときには興奮して騒ぎたてる
カ 不潔行為	糞尿をもてあそぶ	場所をかまわず放尿、排便をする	衣服等を汚す
キ 失禁	常に失禁する	時々失禁する	誘導すれば自分でトイレに行く

④　「類する事情」とは

ア　配偶者が労働者と同居できないと認められる事情

・配偶者が、引き続き特定の医療機関において治療を受けざるを得ない子供を養育すること

・配偶者が、引き続き特定の医療機関において治療を受けざるを得ないこと

・配偶者が、要介護状態にあり引き続き転任直前の地域で介護を受けざるを得ないこと

・配偶者が学校等への在籍、または職業訓練を受けていること

イ　子供が労働者と同居できないと認められること

・子供が、引き続き特定の医療機関において治療を受けざるを得ないこと

ウ　労働者の父母または親族と同居できないと認められる事情

・同居し労働者が介護をしていた要介護状態にある父母または親族が引き続き特定の医療機関で治療を受けざるを得ないこと

エ　アからウまでの事情に類する労働者

・転任後に再度転任し、最初の転任に直前の住居から再度転任直後の就業の場所に通勤することが困難な労働者

・転任後、配偶者等が転任直前の住居から引っ越して、やむを得ない事情が続いている場合、引っ越し後の住居と転任直後の就業の場所との間を日々往復する

ことが困難な労働者

・転任直前の住居から転任後の就業の場所へ通勤することが困難ではないが、職務の性質上、就業の場所に近接した場所に居住することが必要なため別居することとなった労働者

・労働者が、いったん配偶者等を帯同して赴任したが、学校に入学する子供を養育するなどのやむを得ない事情によって、配偶者が再度転任直前の住居に居住することになり別居に至った労働者

⑤ 保護の対象となる移動の範囲

転任先の住居から帰省先の住居への移動については、勤務日の当日またはその翌日、また、帰省先の住居から転任先の住居への移動については、前日に行われるものについて「就業との関連性」を認めて差し支えないとされています。

しかしながら、交通機関の運行状況等の合理的な理由があるときに限って、勤務した翌々日以降、または勤務に就く前々日以前の移動についても「就業との関連性」が認められることになります。

⑥ 住居の範囲

転任先の住居は、労働者が日常生活の用に供している場所で本人の就業の拠点となる場所のことを指しています。

また、帰省先の住居への移動は、おおむね毎月1回以上の反復・継続性が必要とされているため、要介護状態にある労働者または配偶者の父母の居住している場所も、反復・継続性が認められた場合には住居と認められます。

3 「住居」

　「住居」とは、労働者が普段から居住して、日常生活を送っている家屋等のことをいい、本人の就業の拠点となるところのことをいいます。

「住居」として認められる事例

- ・就業の必要性から、家族と住む場所とは別に就業の場所の近くに単身で部屋を借り、そこから通勤をしているような場合
- ・通常は、家族と居住しているところから出勤をしているが、交通事情等の理由から、早出や長時間の残業などに備え、前もって借用しているアパートに泊まり、そこから通勤をする場合の双方
- ・長時間の残業や早出出勤、新規赴任、転勤など勤務上の事情、交通機関の運行状況、また、台風などの自然現象等の不可抗力的な事情によって、一時的にホテルなどに宿泊せざるを得ないような場合は、やむを得ない事情で就業のために一時的に「住居」を移していると解される

「住居」として認められない事例

- ・遊びで上京した友人が宿泊しているホテルで話し込み、そのまま泊まってしまい、翌朝、ホテルから直接出勤する場合
- ・私的に上司宅に誘われ宿泊して、翌朝、上司宅から直接出勤をするような場合

　なお、「住居」と通勤経路との境界に関しては、一般に、一戸建ての住居の場合は門、門扉またはこれに類する地点、マンション、アパート等については、各個人所有の部屋の戸外と解されています。

4 「就業の場所」

　「就業の場所」とは、業務を開始して終了する場所のことをいい、本来の業務を行う事務所や工場、店舗、建設現場などのほか、次の場所が該当することになります。

・事業主の命によって得意先からの依頼品等を届け、その届け先から直接帰宅する場合の得意先
・事業主の命を受け、当日は勤務を要する日として参加した運動競技会等の会場（競技会の目的、費用負担等のほか、参加しない場合は欠勤扱いとなるような一定の要件が必要）
・担当する特定区域内の用務先を外勤労働者が往復する場合は、最初の用務先が業務開始の場所となり、最後の用務先が業務終了の場所

　「就業の場所」か「通勤経路」かについては、事業主の支配管理下にあるか否か、一般の人が自由に出入りすることが可能な場所かどうかで判断することとされています。
　一般には、事務所、工場、店舗等にあっては、門またはこれに類する場所が通勤経路との境界となります。
　なお、不特定多数の人が通行することができない共用ビル（貸ビル）の玄関、廊下、階段等の共用部分については、ビルの維持管理が入居事業場の均等負担および使用にあたっての所定の了解事項等から、ビルの所有者と入居事業場の事業主が共用部分を共同管理していると判断されている事案がありますので、このような事情にある場合は、共用部分を含めて事業主の支配管理下にある「就業の場所」と認められることになります。（昭和51年2月17日　基収第252号の2）

5 「合理的な経路及び方法」

(1) 「合理的な経路」

就業に関して、住居と就業の場所との間を往復する場合、時間的、距離的、経済性等から判断して、一般に利用することが社会通念上認められる経路と解されています。

このため、通勤の経路および方法等について会社へ届出ている内容、また、通勤手当を支給されている経路以外であっても、一般に代替することができる経路が複数あったとしても、いずれも「合理的な経路」となりますので、必ずしもひとつの経路に限られるものではありません。

「合理的な経路」と認められる事例

- マイカー・バイク・自転車等を用いた場合に通常利用することが考えられる複数の経路
- 通常、通勤に利用している経路が道路工事、交通事故処理などが原因で通行不能となっているため、やむを得ず迂回する経路
- 通常、通勤に利用している交通機関が、人身事故等により運転見合わせをしているため、やむを得ず迂回する経路
- マイカー通勤者が、住居あるいは事業場の近くに借りている駐車場を経由する経路
- 共稼労働者などが、他に子供を監護する者がいないとき保育所、託児所、親せきなどに子供を預けるためにとる経路
- 通常の乗降駅では定期券の購入ができないため、定期券の購入が可能な最寄り駅へ立ち寄る経路

このように、通勤に通常随伴する行為に伴って利用した経路であって、通常の経路を若干迂回するような経路であっても、原則、「合理的な経路」となります。

しかしながら、特段の合理的な理由もなく著しく遠回りをするような経路は、「合理的な経路」とはいえません。

たとえば、最短の経路が45kmであった場合、実際に走行した経路が65kmと、おおよそ1.5倍の経路であったときは距離的に著しく遠回りしたと判断され、「合理的な経路」とは認められないと裁決された事例があります。（昭和60年9月25日　昭59労第9号　労働保険審査会）

また、移動手段とあわせて合理的なものであることを必要としていますので、特段の理由もなく、鉄道の線路、鉄橋、トンネルなどを歩行して移動するような場合は「合理的な経路」とは認められないこととなります。

「合理的な経路」の裁決例

事　実

昼休みを利用して、帰宅途中、職場と道路を隔て向かい側にあるパン屋でパンを購入後、通勤に使用している車が置いてある職場の駐車場に向かって横断歩道を歩行中の事故

判　断

(1)　被災者がパンを購入する行為は、労災保険法施行規則第8条第1号の「日用品の購入その他これに準ずる行為」に該当するものと認めることができる。

(2)　本件の問題点は、被災者がパンを購入した後、本件事故に遭遇した地点が合理的な通勤経路上であると認められるか否かにあるので、これについて検討する。

　イ　まず、被災者が職場側の歩道から車道を横切って向かい側の歩道にわたり、パン屋に赴いた行為が、被災者の通勤経路を免れた行為とみるべきか否かであるが、横断した道路は車道と歩道が区別され、交通量の比較的多い幹線道路であることは認められるものの、車道は、幅員11.1メートルの片側一車線のものにすぎず、通常の人にとって容易に横断可能な程度の道路であったものと推察される。

　　このような道路については、車道と歩道の区別があったとしても、左右の歩道を含めひとつの通行経路とみるのが、日常生活において道路を利用する者にとっての一般的な理解であると考えられる。

　　したがって、請求人の職場側の歩道から向かいの歩道に渡った行為は、同一の通勤経路上における行為態様とみるのが妥当であり、このことをもって通勤経路を逸脱したものとまでは認めがたい。

　ロ　請求人は、道路を横断した後パン屋でパンを購入しているが、同店においてパンを購入する間は通勤を中断しているというべきである。しかし、同店前の歩道に出た時点で、通勤経路に復したと見るのが相当であり、横断歩道を歩行中に遭遇した本件事故は、合理的な経路上の事故として通勤災害に該当するといわなければならない。（平成9年7月　労働保険審査会）

(2) 「合理的な方法」

　電車、バス等の公共交通機関の利用、自動車、バイク、自転車等を本来の用法に沿って使用する場合、また、徒歩など一般に通勤に用いられている移動方法は、労働者が日頃から用いている方法か否かにかかわらず、「合理的な方法」と認められることになりますので、通常は公共交通機関を利用して通勤している労働者が、社内規定等で使用が禁止されているマイカー・バイクで合理的な経路上を移動中に負傷した場合であっても、労災認定にあたっては社内規定等にかかわらず、「合理的な方法」と認められることになります。

　しかしながら、自動車等の免許を一度も取得したことがない労働者が車、バイクを運転すること、飲酒（泥酔）して運転することなどは「合理的な方法」とは認められません。

　なお、単なる免許証の不携帯、免許証の更新忘れによる無免許運転の場合などは、必ずしも合理性を欠くものとして取扱われることはないとされていますが、保険給付の支給制限^(注)が行われる可能性があります。

注）支給制限とは、労働者が故意の犯罪行為若しくは重大な過失により負傷、疾病若しくは死亡等の原因となった事故を発生した場合は、保険給付の全部または一部を行わないことができる（労災保険法第12条の2）とされているもので、休業・障害給付が支給制限の対象とされていますので、保険給付を行うつど30％の支給制限が行われることになります。
　　なお、故意の犯罪行為または重大な過失にあたるものとして支給制限の対象となるのは、事故発生の直接の原因となった行為が、労基法、道路交通法など法令上の危害防止に関する規定で罰則が付されているものに違反すると認められる場合として取り扱われています。

6 「業務の性質を有するもの」

　就業に関して、住居と就業の場所との間を往復する間の災害が、事業主の支配下において発生した業務上の事由による災害として取扱われます。

業務上の事由によるものと認められる事例

・事業主が提供する専用交通機関（通勤専用バス等）を利用中に被った負傷

・突発的に起こった事故等によって、休暇・休日に事業主から呼出を受けて予定外に緊急出勤せざるを得ない場合、住居から就業の場所へ移動の際に被った負傷

7 「逸脱」または「中断」

　「逸脱」とは、通勤の途中において就業または通勤とは関係のない目的で合理的な経路をそれることをいい、「中断」とは、通勤の経路上において通勤とは関係のない行為を行うこととされています。

　通勤の途中で映画鑑賞、野球・サッカーなどスポーツ観戦、観劇、居酒屋などに立寄ること、また、ゲームセンターへの立寄りなどは、「逸脱・中断」ということになり、「逸脱・中断」の間およびその後の行為は、就業に関しての往復行為というよりも、「逸脱・中断」の目的に関する行為として、原則、通勤災害とは認められません。

通勤の途中で行う「ささいな行為」と解され、「逸脱・中断」には該当しない事例

- 通勤の途中において経路上近くの公衆トイレを利用すること
- 帰路に経路近くの公園で短時間の休憩をすること
- 経路上の販売店でたばこ・雑誌などの購入、また、駅構内でジュースなどを立飲みすること
- 経路上でごく短時間手相や人相を見てもらうこと
- 経路上の店でのどの渇きをいやすためごく短時間お茶などを飲むこと
- マイカー通勤者が同僚を同乗させるため、通勤経路から5mはいった同僚宅に寄った場合

　また、電車の運行間隔が長いため、発車時刻までの間に本屋、パチンコ店に立寄った場合は、社会通念上、通勤に通常付随する行為と解されていることから、「逸脱・中断」とはなりませんが、本屋・パチンコ店内での負傷は「通勤による」ものとは認められません。

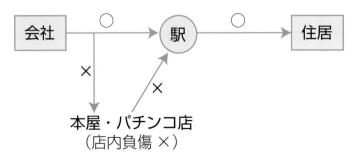

8 「日常生活上必要な行為」とは

通勤の経路を、「逸脱・中断」の間およびその後の移動は、通勤としないこととされていますが、通勤の実態などを考慮して例外規定が設けられ、「日常生活上必要な行為であって厚生労働省令で定めるものをやむを得ない事由により行うための最小限度のものである」場合には、逸脱・中断の間を除いて再び「合理的な経路」に復した後の移動は通勤と認められることになります。

厚生労働省令で定める日常生活上必要な行為

（労災保険法施行規則第8条）

(1) 日用品の購入その他これに準ずる行為

米、惣菜などの食料品、衣類、家庭用医薬品、文房具、家庭で必要な日用雑貨等の購入、その他これに準ずる行為として、クリーニング店、理髪店への立ち寄り[注1]、住居において食事がとれない事情がある独身労働者等が食堂などへ立寄ること[注2]などが該当します。

また、複数事業場で就業する者が、次の就業の場所の始業時間との関係から食事に立ち寄る場合、また、図書館等で業務に必要な情報収集等を行う場合のほか、単身赴任者などが帰省または転任先の就業の場所へ長距離を移動するため途中で食事に立ち寄る場合のほか、マイカー通勤のため途中で仮眠をとる場合などが該当します。

注1) 出退勤の途中、理・美容のため理髪店又は美容院に立ち寄る行為（抜粋）
　　出退勤の途中において、理・美容のため理髪店又は美容院へ立ち寄る行為については、昭和50年4月7日付け基収第3309号の2通達により、労働者災害補償保険法（以下「労災保険法」という。）第7条第3項ただし書きに規定する「日用品の購入その他これに準ずる日常生活上必要な行為」には該当しないとして取り扱ってきたところであるが、今般、その取扱いを下記により改めることとしたので、了知されたい。

記
　　出退勤の途中、理・美容のため理髪店又は美容院に立ち寄る行為は、特段の事情が認められる場合を除き労災保険法第7条第3項ただし書きに規定する「日用品の購入その他これに準ずる日常生活上必要な行為」に該当するものとする。

注2) 独身労働者以外の妻帯者であっても、妻が実家に帰省中であるとか、入院または床に臥していて食事を用意することができない状況にある場合、また、夕食をとらないで長時間残業を行い、帰宅の所要時間が比較的長いために食堂に立ち寄る場合等も含まれます。（昭和58年8月2日　基発第420号）

(2) 職業訓練、学校教育法第1条に規定する学校において行われる教育その他これらに準ずる教育訓練であって職業能力の開発向上に資するものを受ける行為

　職業能力開発促進法第15条の6第3項に規定する、国、都道府県及び市町村などが設置する職業訓練校、職業訓練短期大学校、技能開発センター及び身体障害者職業訓練校のほか、学校教育法第1条に規定する小・中学校、高等学校、中等教育学校、大学、高等専門学校等が該当します。

　また、これに準ずる教育訓練としては、職業能力開発総合大学校における職業訓練および専修学校（学校教育法第124条）における教育が該当します。このほか、各種学校（学校教育法第134条第1項）での教育については、就業期間が1年以上であって、課程の内容が、工業、医療、栄養士、調理師、理容師、美容師、保育士、教育、商業経理、和洋裁など一般的に職業に必要な技術を教授するものが該当します。

　ただし、茶道、華道等の課程、自動車教習所、また、いわゆる予備校は除かれます。

(3) 選挙権の行使その他これに準ずる行為

　選挙権の行使のほか、最高裁判所裁判官の国民審査権の行使、住民の直接請求権の行使などが該当します。

(4) 病院又は診療所において診察又は治療を受けることその他これに準ずる行為

　病院または診療所において通常の医療を受ける行為に限らず、人工透析など比較的長時間を要する医療も含まれます。

　また、これに準ずる行為としては、柔道整復師、あん摩マッサージ指圧師、はり師、きゅう師などの施術を受ける行為が該当します。

(5) 要介護状態にある配偶者、子、父母、孫、祖父母及び兄弟姉妹並びに配偶者の父母の介護（継続的に又は反復して行われるものに限る。）(注)

　例えば帰宅途中に、定期的に一定時間、要介護状態にある父と同居している兄宅に立ち寄り父の介護を行う場合などが該当します。

　また、同居している方の介護は、介護保険法第8条第23項に規定する養護老人ホーム、軽費老人ホームなど、施設サービスが提供されない施設に一時的に入所している

方を介護する場合が想定されます。

　継続的に又は反復して行われるとは、毎日あるいは１週間に数回、日常的に行う介護であって、はじめて介護を行った日に災害を被った場合は客観的にその後も継続的に行われる予定であることが該当する要件となっています。

注）この取扱いは、高齢化の進展とともに、家族の介護が労働者の生活に深くかかわってきていること、また、平成19年４月18日の大阪高裁判決（義父の介護のため通勤経路を逸脱した労働者に対する休業給付不支給決定を取り消すものとする判決）を踏まえ、通勤災害保護制度の見直しが行われ、労災保険法施行規則の一部改正によって平成20年４月１日から施行されたものです。
　さらに、労災保険法施行規則の一部改正によって、孫、祖父母及び兄弟姉妹について、「同居し、かつ、扶養している」との要件が削除され、平成29年１月１日から施行されています。

判決事例「通勤経路図」

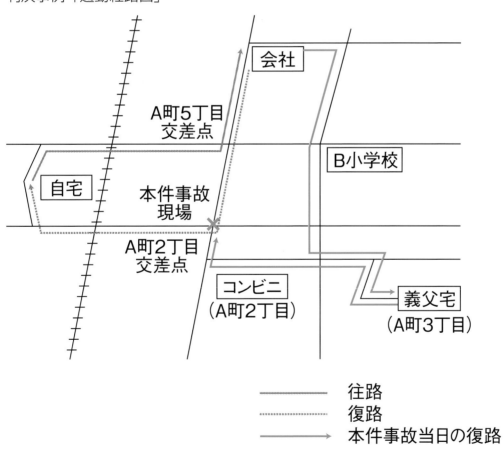

第3章

通勤災害に係るQ＆A

第3章 通勤災害に係るQ&A

「通勤による」

1 車を運転中に他人の暴行によって被った災害

> **Q**　通勤のため、マイカーを運転中に犬を轢きそうになったことが原因で、犬の飼い主から暴行を受けて負傷しましたが、「通勤による」ものと認められますか。

A　「通勤による」ものとして認められるためには、災害が、通勤に通常伴う危険が具体化したものと経験則上認められること、すなわち、犬の飼い主からの暴行と通勤との間に相当因果関係が認められることが認定要件となります。

車を運転中に犬、猫等を轢きそうになる危険性は、一般にあり得ることであって、このような出来事に遭遇した犬、猫等の飼い主が反射的に暴行に及ぶことは想定される範囲内であることから、車の運転手と犬の飼い主は面識がなく、また、私的な怨恨関係も存在しないこと、運転手が飼い主を挑発した行為など他に暴行を引き起こす通勤とは関連のない事由がなかった場合に限り、自動車を運転する者にとって、原則、通勤に通常伴う危険が具体化したものとして、「通勤による」負傷と認められることになります。

なお、他人の故意に基づく暴行による負傷の取扱いに関しては、「当該故意が私的怨恨に基づくもの、自招行為によるもの、その他明らかに通勤に起因しないものを除き、通勤によるものと推定すること」と示されています。

（平成21年7月23日　基発0723第12号）

（災害発生場所略図）

Ⓑ飼い主のいた場所　犬はⒶからⒷへ行こうとした。

2 　出勤途中に発生した貧血による転倒

Q 　出勤のため、会社の最寄りの地下鉄駅から地上に出たところの段差で貧血を起こして転倒した際の負傷は、「通勤による」ものと認められますか。

A 　本人の素因である「貧血」は、一般には、通勤を単なるきっかけとして偶然発生したものであり、「通勤による」ものとは認められません。

しかしながら、歩行中に段差がある場所などでは、「貧血」を発生しなかったとしてもつまずいて転倒する危険が存在し、その結果、負傷することは一般に発生し得ることであって、このような危険が、「貧血」という素因を契機として具体化したものと解することができることから、原則、負傷に限っては、「通勤による」ものと認められることになります。

Q　　会社から帰宅途中に、駅ビルの上り階段において気分が悪くなり救急車で病院に収容され、脳出血によって死亡した場合は、「通勤による」死亡ということになるのでしょうか。

A　　通勤による疾病の範囲は、「法第22条第１項の厚生労働省令で定める疾病は、通勤による負傷に起因する疾病その他通勤に起因することの明らかな疾病とする。」と規定されています。（労災保険法施行規則第18条の４）

　生活習慣病ともいわれている脳出血などの脳疾患は、その基礎となる動脈硬化等による血管病変または動脈瘤などの基礎的病態（以下「血管病変等」といいます。）が長い年月の中で形成され、その進行には遺伝のほか、本人の食習慣や喫煙・飲酒、規則的な運動の有無などの生活習慣や環境要因の関与が大きく、血管病変等が、加齢、一般生活などの自然経過によって増悪し発症するものとされています。

　このことから、通勤を単なるきっかけとして偶然発症したとしても、通勤は、いわゆる「機会原因」にすぎないため、直ちに「通勤による」ものと認められることにはなりません。

　しかしながら、電車の脱線事故、あるいは車、バイク等による交通事故等によって、極度の緊張、興奮、恐怖、驚がく等強度の精神的または身体的な負荷を引き起こす突発的な異常な出来事に巻き込まれるなど、出来事の悲惨な状況等によっては、通勤に関連する突発的な出来事に遭遇して、急激な血圧変動や血管収縮が引き起こされ、血管病変等が著しく増悪して、通勤が相対的に有力な原因となって発症したと認められたときは、原則、「通勤による」疾病として認定されることが考えられます。

一方、脳出血を発症した場所が、通勤の途中であったとしても、次のいずれかの認定要件に該当することが認められた場合は、業務に起因する疾病として認定^(注)されることになります。

① **長期間の過重業務**
　発症前の長期間（おおむね6か月間）にわたって、著しい疲労の蓄積をもたらす特に過重な業務に就労したこと

② **短期間の過重業務**
　発症に近接した時期（発症前おおむね1週間）において、特に過重な業務に就労したこと

③ **異常な出来事**
　発症直前から前日までの間において、発生状態を時間的及び場所的に明確にし得る異常な出来事に遭遇したこと

注）　脳・心臓疾患（負傷に起因するものは除きます）を労災として認定する際の基準として「血管病変等を著しく増悪させる業務による脳血管疾患及び虚血性心疾患等の認定基準について」（令和3年9月14日基発0914第1号、令和5年10月18日改正基発1018第1号）が定められています。

4 天災地変による負傷等

Q 通勤途中で天災地変によって被災した場合は、「通勤による」ものと認められるのでしょうか。

A 　一般に、通勤途中に発生した天災地変による負傷等に関しては、災害の規模、被害状況、被災状況（通勤に伴う危険が現実化したものか）など、個々の実情によって判断するとされています。

　平成23年３月に発生した東日本大震災によって被った「通勤による」負傷等に関しては、次の考え方によって労災の認定が行われています。

① 自宅が津波により被災したため、避難所から会社へ通勤

　地震や津波により自宅が倒壊や押し流されたりしたために避難所で生活をされている方は、避難所が「住居」となりますので、「住居」から会社へ向かう際の災害は通勤災害として認められます。

② 帰宅途中と思われる時間帯に、津波に遭い亡くなった場合

　被災の状況が分からない場合であっても、明らかに通勤とは別の行為を行っていることでなければ通勤災害として認定されます。

③ 会社からの帰宅途中に、津波警報が出たため自宅へ向かわず避難場所へ移動する際のけが

　通勤中に警報が出たため避難することは通勤に通常伴う行為ですので、通勤災害として認定されます。

④ 地震のため電車のダイヤが大幅に乱れているため、通常より２時間以上早く自宅を出て会社に向かっている際のけが

　会社に早く行かなければいけない事情がある場合には、その事情の範囲内で早めに出勤しても通勤として認められます。

　なお、この場合でも途中で逸脱や中断をした場合は通勤ではなくなりますので、気をつけてください。

⑤ 電車通勤をしていたが復旧しないため、会社で認められていないオートバイで通勤中のけが

　会社へ届出をしていない又は承認を受けていない場合であっても、合理的な経路・方法の通勤であれば給付を受けることができます。

⑥　その他

・地震により電車が止まっていたため、会社近くのホテルに宿泊して、翌朝ホテルから出勤する場合は、宿泊したホテルが「住居」と認められ、勤務のため会社に出勤する行為は通勤と認められます。

・自宅が倒壊したため友人の家に一時的に住まわせてもらっているときは、友人宅が住居と認められます。

・地震で電車が止まってしまったので、４時間歩いて家に帰る途中のけがは、移動中に逸脱・中断がなければ通勤災害と認められます。

・電車が動かないため職場に一晩泊ってから翌朝帰宅した場合であっても、やむを得ない事情があったものであり通勤災害と認定されます。

・地震によるけがで入院している妻の看護のため寝泊まりしている病院から会社に行く際のけがは、通勤災害として認定されます。

（平成23年3月24日　厚生労働省労働基準局労災補償部　事務連絡）

「就業に関し」

1　会社主催の忘年会に出席後、帰宅途中の交通事故死

Q　勤務を終え、社外の料亭で開催された会社が主催する忘年会に出席後、自転車で帰宅途中に、自宅手前で水田に転落して亡くなってしまったのですが、忘年会に出席した後の移動は、「就業に関して」のものと認められますか。

A　会社が主催する忘年会が、事業主の支配管理下にあって業務遂行性が認められるか否かがポイントとなります。

通常の業務以外である会社主催の忘年会へ社員全員が参加することが、事業主の積極的命令によって強制されているものであって、かつ、時間外手当の支給対象となるような行事であった場合は、目的、費用負担等を含め総合的に判断して、原則、事業主の支配管理下におかれていたものとして、業務遂行性が認められる可能性があります。

しかしながら、忘年会の費用を会社が負担したものであっても、社員の福利厚生を目的とした懇親会であって、参加の意思が従業員の自由意思にゆだねられているような場合は、仮に、酒食の間に仕事に関する事柄が話題になることがあったとしても、業務遂行性が認められることは困難と思われます。

業務とは認められない忘年会へ参加した後に、忘年会々場から住居までの間の移動が、たとえ、通常の合理的な経路および方法によるものであったとしても、「就業に関し」帰宅の途に就いたものとみることはできないため、通勤災害とは認められなくなります。

なお、忘年会への参加が業務遂行性が認められない場合であっても、忘年会の進行・管理・運営等のため職務として参加している総務課等の社員に限っては、業務遂行性が認められることになります。

2　路面凍結による事態を予測して、通常の始業時刻とかけ離れた時刻に出勤途中の災害

Q 雪模様の天候であったため、翌朝の積雪や路面の凍結を予測して会社に宿泊するため、所定の始業時刻より8時間も早く自宅を出てマイカーで会社に向かう途中の事故は「就業に関して」行われたものとして認められますか。

A 労働者が通常の出勤時間よりも早く出勤することが、「就業に関して」行われたものか否かの判断は、一般には、交通ストライキが行われていることによって他の代替の通勤経路を利用せざるを得ない場合や、天災地変によってやむを得ない事情によって早出の出勤命令が出されていたなど、合理的な事情が客観的に認められるか否かがポイントとなります。

たとえば、豪雪などの自然現象によって電車のダイヤが大幅に乱れているようなときに、通常より2時間以上^(注)早く自宅を出たとしても、早く出勤しなければならない勤務事情の範囲内で、就業との関連性が認められることになります。

積雪による路面凍結の事態を予測して、所定の始業時刻より8時間も前に自宅を出て出勤途上でけがをしたことについて、昭和61年5月27日付で労働保険審査会が次のとおり裁決した事案があります。

被災労働者の始業時刻は、午前8時からであり、通常は自宅から勤務先の漁連まで1時間程度の通勤にもかかわらず、これを深夜0時ころ自宅を出発していることから、その時刻は極端に通勤時刻からかけ離れた時刻と言わざるを得ない。

路面凍結により翌朝マイカー通勤ができなくなることを予想したためであるが、事前に所定の就業の時刻までに業務に従事するという事業主の指示もなかったことから、被災者は当該事業場の宿直室で所定の始業時刻まで就寝するために出発したと判断される。

すなわち、本件の場合、業務に就くために通勤を行ったものではなく、むしろ、一時的に変更した就寝の場所へ向かったものであり、所定の始業時刻と著しくかけ離れた時刻に出勤することは、社会通念上、就業との関連性が失われるものと認められる。

注）　合理的な事情が客観的に認められない場合の「所定の始業時刻と著しくかけ離れた時刻」については、始業開始予定時刻の、おおむね2時間以上と示されています。
（平成18年3月31日　基労管発第0331001号　基労補発第0331003号）

Q　単身赴任している社員が、業務が終了した当日に赴任先住居から帰省先住居へ戻る予定となっていましたが、あいにく豪雪の影響で移動することができず、結局、帰省したのが3日ほどずれ込んでしまいました。

このような状況で移動中に災害を被った場合は、「就業との関連性」が認められますか。

A　単身赴任者の赴任先住居と帰省先住居間の移動に関しては、業務に就くための当日または前日、および業務に従事した当日または翌日に移動が行われた場合は、「就業との関連性」を認めても差し支えないとされています。

ただし、移動が翌々日以降に行われた場合であっても、事故などによる遅延、交通マヒなど交通機関の状況等による合理的な理由があるときに限り、就業との関連性が認められるとされています。

このことから、一般には、豪雪等の自然現象による交通機関の運行状況などによって、帰省したのが3日ほどずれ込んだとしても、やむを得ない合理的な理由があったと判断され「就業との関連性」が認められることになります。

4　業務が終了して、社内でお茶のけいこを行った後に帰宅途中の災害

Q　当日、17時10分に業務を終え、17時30分から2時間程度、サークル活動の一環として社内で行われている「お茶のけいこ」に参加し、引き続き社内で友人と談笑してから20時ころ会社を出て帰宅途中の移動は、「就業との関連性」が認められますか。

A　業務を終了してから社内にとどまって、私的事由によるサークル活動、労働組合の用務、懇親会などに参加することに関しては、「社会通念上、帰宅と就業との直接的関連性を失わせると認められるほどの長時間」であったか否かによって「就業との関連性」の判断が行われます。

この、「就業との関連性」を失わせるほどの長時間に関しては、具体的に明文の規定はありません。

しかしながら、過去の認定事例からは2時間5分程度までは「就業との関連性を認めても差し支えない」との判断が示されています。

（昭和49年11月15日　基収第1881号）

このケースでは、業務が終了してから会社を出るまで、3時間近く経過していることから、「社会通念上、帰宅と就業との直接的関連性を失わせると認められるほどの長時間」となりますので、その後の帰宅のため、通常の合理的な経路及び方法によって移動中であったとしても、通勤災害とは認められないことになります。

Q 転任前の住居と赴任先との間は、電車を利用すると70km程度の距離となりますので、妻を残して単身赴任しています。この程度の距離であれば通勤することが困難と認められるでしょうか？

A 平成17年の労災保険法の一部改正によって、転任に伴って、転任直前の住居と転任先の就業の場所との間の通勤が、距離等を考慮して困難となったため住居を移転した場合は、やむを得ない事情により、転任直前の住居に居住している配偶者と別居せざるを得なくなったなど、一定の認定要件を満たしたときは、この間の合理的な経路および方法によって移動中の負傷等は通勤災害となります。

距離等を考慮して困難となったとは、転任直前の住居と就業の場所との距離について、最も経済的かつ合理的となる通常の経路で判断されます。

具体的には、徒歩による測定距離や鉄道事業法に規定する鉄道運送事業者の調べにかかる鉄道旅客貨物運賃算出表に掲げる距離等を組み合わせた距離（昭和61年法律第92号　第13条）が60km以上の場合又は60km未満であっても、移動方法・時間、交通機関の状況などから通勤が困難とする場合と示されています。

なお、転任とは、命を受けて就業する場所が変わることのほか、事業場自体が移転した場合も該当することになります。

（平成18年3月31日　基発第0331042号）

「住居」

1 婚約者宅から出勤途中の災害

Q 通常は自宅からマイカー通勤していた社員が、婚約者宅に泊まり、翌朝、婚約者宅から直接会社に向かう途中で交通事故によって負傷した場合、婚約者宅は「住居」と認められますか。

A 「住居」とは、普段から日常生活を送っている住まいのことであり、通常は、家族等と住んでいる「住居」のほか、たとえば、勤務事情の範囲内で家族と住む場所とは別に単身で部屋を借りている場合、また、通常は家族のいるところから出勤しているが、早出や長時間残業のため会社の近くに部屋を借りている場合などは、家族等と住んでいる住居と、やむを得ない事情で借りている部屋の双方が「住居」と認められることになります。

また、台風など、自然現象等の不可抗力的な事情によって、一時的に通常の「住居」以外の場所へ宿泊せざるを得ないような場合は、一時的に「住居」を移しているものと解されています。

たとえば、地震や津波によって自宅が倒壊したなどの事情によって避難所で生活をせざるを得ないような場合は、避難所が「住居」とみなされることになります。

しかしながら、婚約者宅に宿泊したことが、勤務事情や、交通事情等のやむを得ない事情によるものでない限り私的事由による行為であって、就業のための拠点としての「住居」とは認められないこととなります。

〔通勤経路略図〕

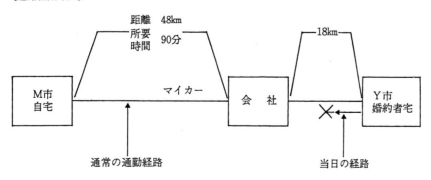

Q 　勤務中に体調がすぐれないことから上司の了解を得て早退し、自宅玄関前で足を滑らせ転倒して負傷した場合は、通勤災害と認められますか。

A 　勤務中に体調がすぐれないなどの理由で、上司等の許可を得て早退し、住居に向けての移動は、業務を終了した後に帰宅するものと解されていますので、「就業との関連性」が認められることになります。

　このことから、就業の場所と自宅との間を合理的な経路および方法によって移動中に被った災害は、原則、通勤災害と認められることになりますが、自宅玄関前が通勤経路上であったか否かが判断のポイントとなります。

　住居と通勤経路との境界については、次のように示されています。

(1)　一戸建家屋の場合は、門またはその敷地と道路の接する場所

(2)　いわゆるマンション・アパートの場合は、自室の玄関・ドア

(3)　居住者用の共同トイレ、炊事場等があるアパートの場合は共同の玄関

　このケースの場合、詳細が分かりませんが、転倒した玄関先が、いまだ自宅の敷地内に入っていない地点で、一般の人が自由に通行することができる公道上であった場合は、通勤災害と認定されることになります。

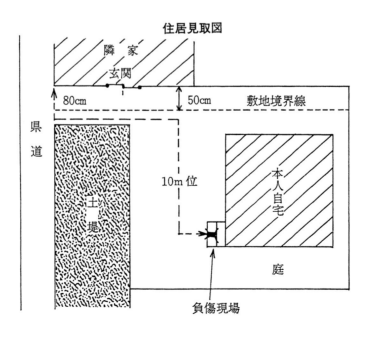

住居見取図

3　自宅敷地内の隣地境界線上での転倒事故による負傷

Q　通勤のため、一戸建ての自宅敷地内の駐車場に駐車している自家用車で通勤するため、自宅の玄関を出て階段を降り、車の前から運転席側（右前側）に移動し自家用車に乗り込む前に隣地との境界にまたがる境界線上で転倒した場合は、通勤災害となりますか。

A　一般的に「住居」と通勤経路の境界は、公道から労働者の所有する敷地に入る地点であり、一戸建ての住居では、門、門扉またはこれに類する地点と解されています。

あなたの住居は一戸建て家屋ですので、玄関を出て階段を降りたところの敷地の一部を駐車場として使用していますが、その駐車場は公道に接していたものと認められます。このような状況から、住居と通勤経路の境界は、駐車場から公道に出る地点であり、駐車場に駐車している自家用車に乗り込み、駐車場を出た時点から通勤が開始されると考えられますので、ご質問の状況で発生した災害については、通勤用の自家用車に乗り込む前に隣地との境界線上で転倒したものであり、転倒した時点においては、いまだ通勤を開始していないと判断せざるを得ないとして、通勤災害とは認められないと、平成30年に労働保険審査会において裁決された事例があります。

「就業の場所」

1 共用ビル（貸ビル）の玄関ドアに衝突し負傷

Q 業務が終って、帰宅するため共用ビルの1階玄関を出ようとしたところ、ガラスドアが開いているものと錯覚し、顔面をぶつけて負傷し、保険給付の申請をしたところ、「通勤による」ものとは認められないと判断されてしまいましたが、どういうことでしょうか。

A 「就業の場所」とは、業務を開始して終了するまでの間、業務に従事している場所のことであり、就業の場所と通勤の起点となる場所は、事業主の支配管理下を離れた地点で、かつ、一般の人が自由に通行することができる場所と解されています。

共用ビルの場合は、玄関を入り複数の者が借用している各室に至るまでの間には、玄関、廊下、階段等の通路、電灯など共用の施設がありますが、ビルの管理規程などで、一般の不特定多数の人が自由に通行することが禁じられ、加えてビルの維持・管理費が入居事業場等の均等負担であること、および、その使用にあたって所定の約束事がある場合は、共用ビルの所有者と、入居している事業主等が共用部分を含み共同管理していると判断されることから、共用部分を含めて事業主の支配管理下にあると示されています。

このことから、借用している部屋のドアを出てからビルの玄関までの間が通勤経路とはならない場合があります。

このケースの場合は、共用ビルの玄関ドアは事業主の支配管理下にあって、帰宅のために移動中であったとしても、「通勤による」ものではなく「業務上の事由による」ものと判断されたものと考えられます。

（昭和51年2月17日　基収第2152号）

2 帰宅のため、タイムカード打刻後に社内の階段で転倒し負傷

Q 業務が終わったため、タイムカードを打刻してから更衣室で着替えを済ませた後に、社内の階段を下りている途中、足をふみはずして負傷した場合は通勤災害となりますか。

A 「就業の場所」か「通勤経路」かの境界については、会社、工場等にあっては、通常は門またはこれに類する地点と解されていますので、業務が終わり後始末を終えて帰宅するため施設内での移動は、事業主の支配管理下にあることになりますので、災害が特に恣意的行為によるものなどの事情がなかった場合に限って、原則、事業場施設の状況に起因したものとして「業務上の事由による」災害となります。

Q　出勤のため、親企業の事業所構内をバイクで走行中に、他社の社員が運転するバイクと接触し転倒し負傷した場合は、「通勤による」ものと認められますか。

A　「就業の場所」とは、一般に事業主の支配管理権がおよんでいる場所であって、構内下請企業の場合でも、それぞれの労働者にとっての就業の場所は、個々の下請事業主の施設管理権のおよんでいるところと解されています。

しかしながら、下請企業の労働者が、親企業の施設内に入退場する際に、通門証などでチェックされている場合、また、親企業の責任において総合的安全衛生管理体制が確立されていて、構内下請企業も含めた全体の労働災害防止活動を実施し、親企業の施設管理権を介して、それぞれの下請事業主の支配管理権がおよんでいると判断される場合は、事業主の支配管理下にある「就業の場所」内で発生した災害と認められることから、被災労働者の積極的な私的行為または恣意行為が認められない限り、業務に付随した準備行為中の災害として、「業務上の事由による」負傷ということになります。

なお、構内での接触事故であった場合でも、「第三者行為災害」となりますので、療養・休業等請求書の提出のほか、「第三者行為災害届」等の提出が必要となります。

4　サテライトオフィスへの通勤中の災害

Q　リモートワークを採用している会社に勤務していて、サテライトオフィス（シェアオフィス）に、始業時間に間に合うように自宅を出発し、通勤中の歩道で、歩行中に転んで負傷した場合は、通勤によるものと判断されますか？

A　始業時間に間に合うように自宅を出発し、本来の勤務場所であるオフィス以外のシェアオフィスやコワーキングスペースなどの就業場所に向かうのは「通勤」となります。そのため、この間に負傷してしまった場合は、通勤災害として給付の対象になります。

但し、この場合も、合理的な経路及び方法で通勤していることが前提となります。

また、会社が自宅以外での勤務を認めることを社内ルールとして定め、予め就業場所を特定しておくことが必要です。リモートワーク中の労災認定には、「業務と私的行為の切り分け」が重要なポイントになります。

「合理的な経路及び方法」

1　業務が終わって、長男宅へ向う途中の災害

Q　業務が終わり、自宅には直接戻らずに、長男宅へ行くため通常利用している会社の向かいにあるバス停に向かって道路を横断中、軽自動車と接触し負傷した場合は、「通勤による」ものとはなりませんか。

A　業務が終了した後の移動が通勤であるかどうかについては、その行為を外形的、かつ、客観的に判断することとされており、帰宅する途中に自宅とは逆方向にある長男宅へ立ち寄ることを目的として会社を出たとしても、いまだに、通常、通勤のために利用している「合理的な経路上」を移動している間に負傷した場合に限り、一定の目的による何らかの意思を問わず通勤災害と認められることになります。

　たとえば、会社の最寄駅近くで酒席を設けることを目的に、いまだ通常の通勤のため利用している合理的な経路を歩行中に負傷した場合であっても、通勤災害に該当することになります。

　ご質問のケースは、通勤のために通常利用しているバス停に向かう途中の負傷ですから、通勤災害と認められます。

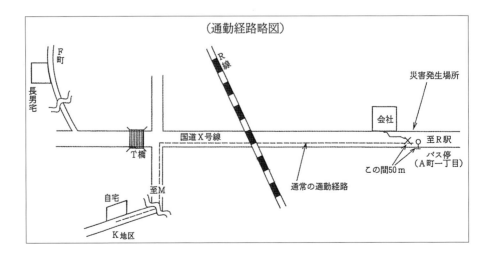

（通勤経路略図）

2　経路上の給油所が閉店していたため自宅より先の給油所を利用後の災害

Q 日頃から通勤の際に利用している給油所が閉店していたため、自宅を通り越した先の給油所に立ち寄った後に再び自宅に戻るために走行中、バイクが転倒して負傷したような場合、「合理的な経路」と認められますか。

A 「合理的な経路」とは、時間的、距離的、経済性などから判断して、住居と就業の場所との間を移動する際に、一般に用いられている経路であることが社会通念上認められる経路と解されています。
　ご質問のような事例について、昭和62年3月25日付で労働保険審査会は次のとおり裁決しています。

　バイクで通勤を行うためには、燃料を給油する行為は、通勤を継続するため、または就業のためにとらざるを得ない行為であって、自宅と就業の場所の間にある日頃から利用している給油所が閉鎖していたため、自宅から最短距離にある給油所へ向かうための迂回は、通常の通勤経路と比較して著しく遠回りとなるような場合を除いて、就業の場所から立ち寄った給油所を経由して帰宅する経路は、「合理的な経路」に該当する。

3 高速道路上で下車、金網を乗り越える際の負傷

Q 帰宅のため、同僚が運転するトラックに便乗して自宅近くの高速道路上で下車し、高速道路わきの金網を乗り越えようとして足を滑らせ負傷した場合は、「合理的な経路」での災害と認められますか。

A 高速道路（自動車専用道路）上は、下車および徒歩での通行が禁止(注)され、たとえ災害のあった場所が、帰宅のための最短経路であったとしても、そのような行為をとらざるを得ないようなやむを得ない事情がない限り、一般に労働者が用いる「合理的な経路」とは認められません。

なお、一般に「合理的な経路」と認められない事例としては、①特段の合理的な理由もなく著しく遠回りとなるような経路、②一般の通行には利用していない鉄道線路、鉄橋、トンネルを徒歩または自転車で通行することなどが示されています。

注）道路法第48条の11（出入りの制限等）
「何人もみだりに自動車専用道路に立ち入り、又は自動車専用道路を自動車以外の方法により通行してはならない。」

4 自転車に2人乗りで走行中の災害

Q 帰宅のため、自宅近くに住んでいる同僚の自転車の後方の荷台に乗って走行中に、砂利道で転倒し負傷した場合は「合理的な方法」となりますか。

A 通勤の手段として、自転車に2人乗りする行為は、一般には禁止されている行為^(注)であって好ましい通勤方法とはいえません。

しかしながら、自転車に2人乗りして帰宅途中の災害に関して、「災害発生場所は交通量も少なく、通勤に要する距離等を考慮すれば、社会通念上、その合理性が欠けるとして、許容される範囲から著しく超えたものであるとは言い切れないため、通勤災害として取り扱うことが相当である」と判断された事例もありますので、事案によっては「合理的な方法」と認められる可能性は否定できないと思われます。

一般に、「合理的な方法」とは認められないものとしては、自動車等を泥酔運転するような場合、免許証を一度も取得したことがない者が自動車等を運転する行為などが示されています。

注)道路交通法第55条（乗車又は積載の方法）
車両の運転者は、当該車両の乗車のために設備された場所以外の場所に乗車させ、又は乗車若しくは積載のために設備された場所以外の場所に積載して車両を運転してはならない。（5万円以下の罰金）
【2人乗りできる場合】
・6歳未満の者を幼児用座席に乗車させている場合
・4歳未満の者をひも等で確実に背負っている場合

Q　　業務終了後、社内でコップ酒を３合飲みバイクで帰宅途中に、車道に飛び出してきた子供を避けようとして転倒し、負傷した場合は、「合理的な方法」と認められますか。

A　　一般に体重が60kgから70kgくらいの日常飲酒の習慣をもっている成人が、日本酒を３合飲むと血中アルコール濃度が150mg/100ml程度となり、血中アルコール濃度が100mg/100mlを超えたときは外見的にも酩酊状態が目立つようになって、意思的活動が遅く、動作が不確かとなって感覚が鈍くなるとされています。

　このことから、日本酒を３合飲んで運転をすることは、「酒酔い運転」[注]に該当し、正常な運転をすることができないおそれがあることから、「合理的な方法」と認められることは困難と思われます。

　注）道路交通法第117条の２第１号
　第65条（酒気帯び運転等の禁止）第１項の規定に違反して車両等を運転した者で、その運転をした場合において酒に酔った状態（アルコールの影響により正常な運転ができないおそれがある状態をいう。以下同じ。）にあったもの。
　道路交通法第65条（酒気帯び運転等の禁止）第１項
　何人も、酒気を帯びて車両等を運転してはならない。

6　経路上の自動販売機で飲み物を購入する際の災害

Q　マイカーで帰宅途中に、のどの渇きを感じたため経路付近にある店舗の駐車場に入り、降車して駐車場に設置してある自動販売機に向かう際に転倒して負傷しましたが、駐車場内は「合理的な経路」とはなりませんよね。

A　マイカー通勤の途中で、のどの渇きをいやすため、経路上に隣接する店舗の駐車場に車を止め、自動販売機で飲み物を購入する行為は、通勤の「逸脱・中断」[注1]には該当しないとされていることから、「通勤に通常随伴するささいな行為」[注2]となりますので、駐車場を移動している間についても「合理的な経路」と認められることになります。

注1）　逸脱とは、通勤の途中で就業または通勤とは関係のない目的で行理的な経路をそれることをいい、また、中断とは、通勤の経路上で通勤とは関係のない行為を行うこととしています。

注2）　通常随伴する行為とは、通勤を継続するために必要性または合理性を有する行為をいうもので、定期券利用者が通常の乗降駅以外の最寄り駅で定期券を購入するために立ち寄る場合、経路上または駅構内の売店で飲み物などを購入する場合などが該当します。

Q　　出勤のため最寄り駅まで自転車で走行中に、道路の縁石に乗り上げ転倒して負傷しました。
　　自転車通勤は社内規定で禁止されているため、会社にはバス通勤として届け、通勤手当はバス代が支給されていますが、「合理的な方法」と認められませんか。

A　　通勤に用いる「合理的な方法」とは、労働者が通常用いているか否かにかかわらず、鉄道、バスなど公共の交通機関の利用、自動車、自転車を本来の用法によって使用する場合、あるいは、徒歩など一般に用いられている方法は「合理的な方法」と認められることになります。

　「合理的な方法」の判断に際して、通勤に自転車を利用することが禁止されていること、また、通勤手当の支給内容と異なった方法によって通勤した場合であっても、認定上は、社内規定等を考慮することはありませんので、自転車で「合理的な経路」を走行中に、誤って道路の縁石に乗り上げて転倒し負傷した場合は、「通勤による」負傷と認められることになります。

8 出勤途中、子供を親せき宅に送った後の災害

Q 　自宅から会社への通勤経路からははずれた場所にある親せき宅に、自家用車で長女を送り届けた後、会社に向けて走行中に、車庫から後進で道路に侵入してきた車両を避けようとして、道路わきの木立に衝突し負傷したものですが、事故にあった場所が通常の通勤経路上ではなかったため、「合理的な経路」とは認められないことになりますか。

A 　「合理的な経路」は、必ずしも、ひとつの経路にしばられるものではありません。

　距離面の合理性のほかに道路の性質、混雑の程度などの各種の面から諸般の事情を考慮して、複数の経路、路線があったとしても、それぞれが、「合理的な経路」となると解されています。

　また、他に子供を監護する者がいない共稼ぎ労働者が子供を託児所等にあずけるためにとる経路は、就業のためにとらざるを得ない経路のため「合理的な経路」となることが示されていますので、通常の通勤経路とは異なる経路上の事故であったとしても、合理的な理由もなく、著しく遠回りとなるような場合を除いて、「通勤による」ものと認められることになります。

　ご質問のケースについては、長女を送り届けた理由により判断が違ってくるかと思われます。

　なお、共稼ぎ夫婦でない夫が、子供を親せき宅に送り届ける経路に関しても、平成10年12月7日付で労働保険審査会は次のとおり裁決しています。

　共稼ぎ夫婦ではなかったとしても、出産後の休養を要する妻を有する夫が託児所、親せき等に子供をあずける経路についても、就業のためにとらざるを得ない経路として合理的な経路となり得る。

9 出勤、帰宅の経路が異なる場合の災害

Q 　朝の出勤時には自宅から5分ほど離れたバス停からバスに乗車して通勤していますが、帰宅する際は、朝のバス停から自宅までの経路は街路灯などの照明がなく真っ暗で怖いので、街路灯のある道路を通るため自宅まで歩いて12分かかるバス停で降りていますが、この帰宅の経路上で転倒して負傷した場合は通勤災害と認められますか。

A 　通勤のために利用する合理的な経路は、一つのものとは限りません。

　ご質問のように、夜間に帰宅するために安全な経路を選択することは通常あり得る行為であって、著しく遠回りとなるような特段の事情がなければ、一般に合理的な経路となるものと考えられます。

　したがって、出勤と帰宅のための経路が異なっていたとしても、就業に関し、合理的な経路上を歩行中に転倒して負傷したような場合は、通勤災害と認められることになります。

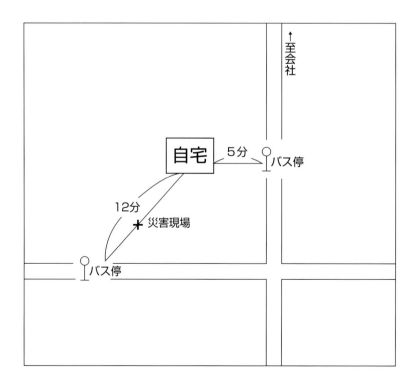

「業務の性質を有するもの」

1 会社の送迎バス乗車中の事故

Q 会社の通勤専用マイクロバスを利用して帰宅途中に、急ブレーキがかかったためバランスを崩し、右腕を手すりに強打し負傷した場合は「通勤による」ものとなりますか。

A 就業のために、住居と就業の場所との間の合理的な経路および方法による往復行為は、原則、通勤とされ、この間の「通勤による」負傷等については通勤災害と認められます。

しかしながら、事業主が提供する専用交通機関を利用している間、また、突発的な事態に備え休日または休暇中に緊急に呼出を受けて住居と就業の場所との間を移動する行為は、事業主の支配管理下にあるものと解されていることから、この間の災害については、「業務の性質を有するもの」として業務災害と取扱われます。

なお、会社の通勤専用のマイクロバス乗車中の事故であっても、「第三者行為災害届」等の提出が必要となります。

「逸脱・中断」および「日常生活上必要な行為」

1 退勤途中に理容店へ立ち寄った後の災害

Q 自転車で退勤する途中に経路上の理容店で散髪した後に、自宅に向けて走行中、路面が凍結していたため滑って転倒し負傷した場合は、通勤とは認められないと聞いたことがあるのですが本当でしょうか。

A 退勤の途中で、理髪店または美容院に立ち寄った行為は、通勤災害制度が創設され、昭和58年8月に通達が発出されるまでは、「日用品の購入その他これに準ずる日常生活上必要な行為」には該当しないとして取扱われていました。

しかしながら、見直しが行われ、月1回程度の理・美容を行うことは、職場で清潔に気持ち良く生活し勤務する保健衛生上の見地からみて、労災保険法第7条第3項ただし書きの「日常生活上必要な行為であって厚生労働省令で定めるものをやむを得ない事由により行うための最小限度のもの」に該当すると示されました。

(昭和58年8月2日　基発第420号)

これ以降、理容店に立ち寄ることは、「日用品の購入その他これに準ずる行為」(労災保険法施行規則第8条第1号)に該当し、散髪後に再び「合理的な経路」に復して移動中に負傷したときは、通勤災害と認められることになりました。

2 帰宅途中、マイカーで走行中に交通事故、さらに逃走中の交通事故死

Q 　帰宅のため、マイカーを運転して通常の経路を走行中に貨物自動車に追突し、そのまま逃走していたときに、さらに信号待ちのダンプに追突して死亡した場合は、「通勤による」ものとなりますか。

A 　ご質問の事案に対して、昭和61年2月28日付で労働保険審査会は次のとおり裁決しています。

　2つの交通事故を発生させて死亡したものであるが、第1事故を発生せしめた後に、道路交通法に定める自動車運転者が執るべき措置^(注)をとらず、その場を離れ、走行中に第2の事故を発生させている。

　被災者の第1事故から第2事故までの行為については、第1事故による心身の喪失等の事態は考え難く、その状況及び調査結果から判断して、責任を逃れようとして企画した意図的な逃走行為に出たものと言わざるを得ない。

　したがって、被災者の行為は、第1の事故までの間は、「通勤」と認められるが、第1事故発生後、その事故措置を怠って現場から離れた時点からは、これが同一の経路、方法によるものであっても、もはや就業に関して住居と就業の場所との間を往復する「通勤」とはいえず、事故現場からの逃走行為たる性質をもつ通勤の「中断」に該当するものと認められる。

注）道路交通法第72条（交通事故の場合の措置）
　　交通事故があったときは、当該交通事故に係る車両等の運転者その他の乗務員（以下この項において「運転者等」という。）は、直ちに車両等の運転を停止して、負傷者を救護し、道路における危険を防止する等必要な措置を講じなければならない。この場合において、当該車両等の運転者（運転者が死亡し、又は負傷したためやむを得ないときは、その他の乗務員、以下次項において同じ。）は、警察官が現場にいるときは当該警察官に、警察官が現場にいないときは直ちに最寄りの警察署（派出所又は駐在所を含む。以下次項において同じ。）の警察官に当該事故が発生した日時及び場所、当該交通事故における死傷者の数及び負傷者の負傷の程度並びに損壊した物及びその損壊の程度、当該交通事故に係る車両等の積載物並びに当該交通事故について講じた措置を報告しなければならない。

Q　勤務終了後、職員Ａと同僚Ｓは一緒にお好み焼き店で夕食をとりながら２時間あまり勤務先の仕事のことのほか、職員間の人間関係などを話し合い、自転車で帰宅途中に普通乗用車と出合い頭に衝突し死亡した場合は、通勤によるものと判断されますか。

A　勤務終了後、午後６時20分ころから、同僚と二人でお好み焼き店でお好み焼きを食べながら、勤務先のことなどに関する、相談、職員間の人間関係や生徒への対応に関するアドバイスを交えて一般的な会話をし、午後８時30分ころ店を出て帰宅途中、普通乗用車と出合い頭に衝突して死亡した事案に対して、平成14年２月８日付で労働保険審査会は次のとおり裁決しています。

　お好み焼き店での会話は、学校からの職務指示によるものではなく、あくまでＡとＳの私的な関係において行われた懇談とみるべきである。

　退勤後の経路も、職場を出てからお好み焼き店に至るまでの経路は合理的な経路から逸脱していることが認められ、また、お好み焼き店での約２時間10分にわたる食事をしながらの懇談とその前後の自転車等による走行は通勤の中断にも該当するものである。したがって、その後に通常の通勤経路への復帰又は通勤行為を再開しても、労災保険法第７条第３項ただし書きにいう「日常生活上必要な行為をやむを得ない事情により行うための最小限度のものである場合」に当たらない限り、その帰宅のための行為は、もはや労災保険法上の「通勤」にはなり得ないものである。

　朝食あるいは夕食を外でとることは、単身者にとっては日常生活上必要な行為であり、個人であるいは友人と夕食を取る行為は、Ａが独身であることをも考慮するとなおさら労災保険法第７条第３項ただし書きにいう「日常生活上必要な行為であって厚生労働省令に定めるもの」、すなわち、労災保険法施行規則第８条第１号の「日用品の購入その他これに準ずる行為」に該当することとなるが、Ａの場合には、Ｓとの懇談を交えて「２時間10分」に及んでおり、到底上記の「やむを得ない事由により行う必要最小限度のもの」と認めることはできないものである。

4　仕事が終わって、夕食材料購入のため通勤経路を逆方向に歩行中の災害

Q　仕事が終わり、会社と自宅との間に夕食材料を購入することができる商店がないため、住居と反対方向にある商店で、日常的に夕食材料を購入してから帰宅していた場合、商店に向かって自宅とは逆方向を歩行中に交通事故に遭遇した場合は、通勤災害になりますか。

A　労災保険において、通勤とは住居と就業の場所との間を「合理的な経路および方法」によって移動することをいい、通常の合理的な経路上の道路工事、交通事故処理などの交通事情によって通行することができなくなった場合に、通勤のために迂回せざるを得ない経路、また、他に子供を監護する者がいない共稼労働者などが託児所、親せきなどに子供を預けるためにとる経路など、就業との関連性を保つために必要不可欠であって、他に選択の余地がないような場合に限って合理的な経路となる場合があります。

しかしながら、日常的とはいえ、自宅とは逆方向の商店で夕食材料等の購入については、他に選択の余地がないほどのやむを得ない事情によるものと認められることは困難であって、自宅とは逆方向へ移動した時点で、通勤経路を「逸脱」中と判断されますので、通勤災害認めることはできないと判断された事例があります。

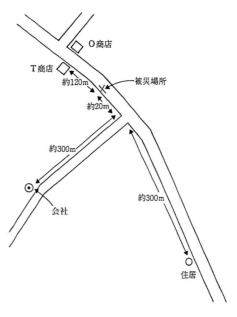

（昭和61年1月29日　労働保険審査会裁決、昭和63年2月12日　札幌地裁判決、平成元年5月8日　札幌高裁判決）

Q　平成20年3月18日に、労災法第8条に定める日常生活上必要な行為として、新たに、「要介護状態にある配偶者、子、父母、配偶者の父母並びに同居し、かつ、扶養している孫、祖父母及び兄弟姉妹の介護（継続的に又は反復して行われるものに限る。）」が加えられていますが、省令改正のきっかけの一因となった大阪高裁の判決内容はどのようなものだったでしょうか。

A　大阪高裁の判旨は次のとおりです。

（1）　事件の概要

　被控訴人が、退勤途中に、原告の妻の兄と同居している義父（原告の妻の父）の介護のために、合理的な経路の外にある義父宅に立ち寄り、介護を終えて帰宅する途中、原動機付自転車と衝突し、休業を余儀なくされたために、通勤災害として、休業給付の請求をしたが、不支給処分となったため、本件処分の取消しを請求したもの。

（2）認定事実

○認定事実によれば、①義父は、85歳の高齢であり、両下肢機能全廃のため、食事の世話、入浴の介助、簡易トイレにおける排せつ物の処理といった日常生活全般について介護が不可欠な状態であったところ、②被控訴人夫婦は義父宅の近隣に居住しており、独身で帰宅の遅い義兄と同居している義父の介護を行うことができる親族は他にいなかったことから、被控訴人は、週4日間程度これらの介護を行い、被控訴人の妻もほぼ毎日父のために食事の世話やリハビリの送迎をしてきた等を指摘することができる。

○これらの諸事情に照らすと、被控訴人の義父に対する上記介護は、「労働者本人又はその家族の衣、食、保健、衛生など家庭生活を営むうえでの必要な行為」というべきであるから、労災保険規則第8条第1号所定の「日用品の購入その他これに準ずる行為」に当たるものと認められる。

○被控訴人が本件事故の当日に義父の介護のために滞在した時間は約１時間40分程度であるし、その間に被控訴人が介護以外の行為に時間を割いたことは窺われないので、この滞在は介護のためにやむを得ない最小限度のものであったと考えられる。また、この約１時間40分という時間が「日用品の購入」のために要する時間に比して特に長時間であるとは認められないし、５時間以上を要することがある透析療法が認められるのであれば、約１時間40分を要した介護行為を現行の労災保険規則８条１号に該当すると認めることは妨げられないと考えられる。

○なお、労働政策審議会が全ての事象について議論することは困難であるから、「日用品の購入その他これに準ずる行為」に該当するか否かは社会常識に照らして判断すべきであって、たとえ労働政策審議会の議論を経ていないとしても、時代の変化に応じてこれに該当すると解釈することも許されないわけではない。高齢化社会を迎えて、在宅介護の要請はますます大きくなっており、通勤災害との関係でも介護等の利益を立法上考慮すべき時期に来ていることが認められるから、たとえ労働政策審議会において介護に関する議論がなされていないとしても、介護が「労働者本人又はその家族の衣、食、保健、衛生など家庭生活を営むうえで必要な行為」である場合には、当該行為は「日用品の購入その他これに準ずる行為」に該当すると解するのが相当である。

（大阪高判平19.4.18 労判937-14）

　この判決を受けて、厚労省は、介護について、労災保険法施行規則第８条第１項の「日用品の購入その他これに準ずる行為」としてではなく、新たに、第５項として「要介護状態にある配偶者、子、父母、配偶者の父母並びに同居し、かつ、扶養している孫、祖父母及び兄弟姉妹の介護（継続的に又は反復して行われるものに限る。）」を加え、介護行為の範囲を示した労災保険法施行規則の一部を改正する省令が平成20年３月18日に公布され、平成20年４月１日より施行されました。

　また、厚労省は、労災保険法施行規則第８条第５項に規定する一定の家族の介護に係る当該介護の対象家族のうち、「孫、祖父母及び兄弟姉妹」について、「同居し、かつ、扶養している」との要件を削除し、「要介護状態にある配偶者、子、父母、孫、祖父母及び兄弟姉妹並びに配偶者の父母の介護（継続的に又は反復して行われるものに限る。）」とした労災保険法施行規則の一部を改正する省令が平成28年12月28日に公布され、平成29年１月１日より施行されています。

6 帰宅途中、惣菜等を購入した後の災害

Q 　勤務が終わって、夕食の惣菜等をショッピングセンターで購入し、通常の通勤経路に復する途中で用水路に転落し負傷した場合は、「逸脱・中断」中と判断されてしまうのでしょうか。

A 　勤務を終え、会社を出て退勤の途中で惣菜等の買い物のためショッピングセンターへ立ち寄っている間は、「逸脱・中断」となりますが、「当該逸脱又は中断が、日常生活上必要な行為であって厚生労働省令で定めるものをやむを得ない事由により行うための最小限度のものである場合は、当該逸脱又は中断の間を除き、この限りでない。」（労災保険法第7条第3項ただし書き）とされ、日常生活上必要な行為（厚生労働省令で定めるものをやむを得ない事由）のうち「日用品の購入その他これに準ずる行為」（労災保険法施行規則第8条第1号）がこれに該当するとされています。このことから買い物を終え再び合理的な経路に復したときは労災認定上「通勤」となります。

　しかしながら、通常の合理的な経路に復するまでは、通勤経路を「逸脱」中と判断されますので、この間の災害は「通勤による」ものと認められることは困難と思われます。

7 　通勤の途中に駅のホームのベンチで30分飲食後に帰宅途中の災害

Q 　得意先との打ち合わせ業務を終了して、直接自宅へ帰る途中、駅のホームのベンチで20〜30分の間、清酒を２杯飲んだ行為は、通勤に伴う「ささいな行為」と認められますか。

A 　得意先との打ち合わせ業務終了後、通常の合理的な経路および方法からかけ離れ、かつ、乗り換えも不便で遠回りの路線を利用し、その途中、寒い日であったため、駅構内の連絡口付近の休憩ができるベンチで30分ほど清酒を２杯ほど飲み、その後に帰宅途中、自宅付近の路上で転倒して負傷したことに対して、平成８年10月15日付で労働保険審査会が次のとおり裁決した事例があります。

　得意先から住居までの合理的な経路を遠回りした通勤経路および方法について、「事故等によって経路の変更をせざるを得ない特段の理由も認められないので、合理的な経路及び方法とは認め難い。」としたうえで、駅構内での飲酒について、

　20〜30分の間、駅構内とはいえ腰を落ち着けて清酒２杯を飲んだ行為は、「ささいな行為」とはいえない。

　のどの渇きをいやしたり、冷えた体を暖めるために、駅構内で飲酒する行為は、労災保険法第７条第３項ただし書きにいう「日常生活上必要な行為であって、厚生労働省令で定めるやむを得ない事由により行うための最小限度のもの」、すなわち、労災保険法施行規則第８条第１号の「日用品の購入その他これに準ずる行為」に該当するとはいえない。

　また、駅構内のベンチで腰を落ち着け20分及び30分にわたって休憩しつつ飲んだものであって、「やむを得ない事由により最小限度の範囲で行う」場合には該当しないといわざるを得ない。

Q　帰宅途中、その日が会社の給料振込日だったために給与を引き出すため、通常利用するC駅とは逆方向にあるD銀行に向かう途中、銀行前の交差点で、段差に足を踏み外して負傷した場合は、「逸脱・中断」とみられますか。

A　通勤とは、労働者が就業に関し住居と就業の場所との間を合理的な経路及び方法により往復するものとされていますが、「合理的な経路」とは、一般的な労働者が選択するものであって、最短距離と認められる経路をいうものと解されます。この経路は、必ず１つの経路しか認められないものではありませんが、あなたが勤務する会社の所在地及びあなたの通勤経路の最寄り駅であるC駅との位置関係からみると、足を踏み外した銀行前の交差点は明らかに迂回経路であり、合理的経路を逸脱ないし中断した際の負傷と判断せざるを得ません。同様の事例で、通勤による負傷とは認められないと、平成27年に労働保険審査会において裁決された事例があります。

　なお、労働保険審査会の裁決では、合理的な経路から逸脱又は中断中であっても、逸脱・中断が「日用品の購入その他これに準ずる行為」（労災保険法施行規則第８条第１号）を行うために必要最小限のものである場合には、その逸脱又は中断の間を除き、合理的経路に復した位置から再び通勤として取り扱うこととされていることから、仮にあなたが給料日に銀行から給与を引き出す行為が、「日用品の購入その他これに準ずる行為」（労災保険法施行規則第８条第１号）に該当するとしても、本件の事故は合理的な経路に復する手前の銀行前の交差点で発生しているから、通勤災害には該当しないとしています。

9　帰宅途中、書店および写真展示会場に立ち寄り、再び通勤経路に復した後の災害

Q 業務を終了し、バイクで帰宅する途中で、書店に5分間程度立ち寄り、移動して写真展を約20分見学した後、再び通勤経路に復して交通事故に遭遇した場合は、通勤災害と認められますか。

A 書籍を購入するため、書店に立ち寄ることは、「日用品の購入その他これに準ずる行為」（労災保険法施行規則第8条第1号）に該当することになりますので、写真展示会場に立ち寄らずに「合理的な経路」に復したときは再び通勤となって、この間の「通勤による」負傷等に対しては労災給付の対象になります。

　しかしながら、書店に立ち寄った後に、引き続き写真展の見学のため会場に立ち寄ったことは、私的な行為によるものであり、労災保険法第7条第3項ただし書き[注]には該当しない行為となりますので、通勤を「逸脱・中断」した後に、再び合理的な経路に復したとしても、通勤とは認められなくなります。

　注）労働者が、前項各号に掲げる移動の経路を逸脱し、又は同項各号に掲げる移動を中断した場合においては、当該逸脱又は中断の間及びその後の同項各号に掲げる移動は、第1項第2号の通勤としない。ただし、当該逸脱又は中断が、日常生活上必要な行為であって厚生労働省令で定めるやむを得ない事由により行うための最小限度のものである場合は、当該逸脱又は中断の間を除き、この限りでない。

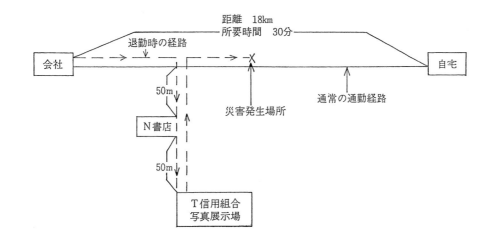

参考資料

1 通勤災害保護制度の創設について

昭和48年11月22日　発基第105号

　労働者災害補償保険法の一部を改正する法律（昭和48年法律第85号。以下「改正法」という。）は、去る9月21日公布され、労働者災害補償保険法の一部を改正する法律の施行期日を定める政令（昭和48年政令第321号）により、本年12月1日から施行されることとなり、同日から、労働者災害補償保険（以下「労災保険」という。）により、労働者の通勤災害についても、業務災害の場合に準じた保険給付等が行われることとなった。

　ついては、下記事項について了知のうえ、制度創設の趣旨を十分理解され、業務運営に遺憾なきを期されるよう、命により通達する。

記

1　通勤災害保護制度創設の経緯と趣旨

　近年のわが国における通勤事情を考慮し、労働者の通勤災害の保護について、労働者災害補償保険審議会を中心にして、早くから議論が行われてきたが、昭和45年2月以来、労働大臣の諮問機関として設けられた通勤途上災害調査会において、専門的な調査研究が行われ、昨年8月「通勤途上災害調査報告書」がまとめられた。同報告書においては、通勤災害は、業務災害としてとらえることは困難であるとしながらも、通勤災害の発生状況及び通勤と業務との密接な関係等にかんがみ、業務災害の場合に準じた保護を与えることが適切であるとしていた。同報告については、労働者災害補償保険審議会においても検討され、全会一致で了承されたので、その内容どおり制度化するための法案を作成し先の第71回特別国会に提出した。同国会においては、両院の社会労働委員会で慎重な審議が重ねられた後、全会一致で本年9月14日成立したものである。

2　通勤災害保護制度の概要

(1)　労災保険の目的の改正

　労働者災害補償保険法（昭和22年法律第50号）第1条の規定が改正され、労災保険は、業務災害と並んで、労働者の通勤災害についても保険給付を行うものとされた。

(2)　適用範囲

　通勤災害保険制度は、労働者の通勤災害について保護を行うものであり、特別加入者については、適用されない（今次改正後の労働者災害補償保険法（以下「新法」という。）第28条及び第29条〈現行・法第34条及び第35条。編注・現在は一部を除き適用されている。〉）。

(3)　通勤災害の範囲

　通勤災害とは、労働者の通勤による負傷、疾病、障害又は死亡をいう（新法第7条）。ここでいう通勤とは、労働者が就業に関し、住居と就業の場所との間を、合理的な経路及び方法により往復することをいうものであるが、労働者が通勤の途中で往復の経路を逸脱したり、往復を中断した場合には、それ以後は通勤災害保護制度でいう通勤とはされない。ただし、その逸脱、中断が日用品の購入など日常生活上必要な行為をやむを得ない事由により行うための最小限度のものである場合には、その間を除き、その後の往復は、通勤とされる。

(4)　保険給付の種類等

　通勤災害に関する保険給付の種類は、次のとおりであり、その支給事由、請求権者、他の社会保険給付との調整等については、それぞれに相当する業務災害に関する保険給付の場合と同様で

ある（新法第3章第1節及び第3節）。

　　　療養給付（業務災害に関する療養補償給付に相当する。）
　　　休業給付（休業補償給付に相当する。）
　　　障害給付（障害補償給付に相当する。）
　　　遺族給付（遺族補償給付に相当する。）
　　　葬祭給付（葬祭料に相当する。）
　　　長期傷病給付（長期傷病補償給付に相当する。）

　なお、保険給付の額の改定（スライド）、遺族に対する前払一時金の支給及び55歳以上60歳未満の遺族に係る年金に関する特例は、いずれも、通勤災害についても、業務災害の場合と同様に実施される（改正法附則第3条から第5条まで）。

⑸　**保険施設〈現行・社会復帰促進等事業〉**

　労災保険の保険施設〈現行・社会復帰促進等事業〉は、業務災害の場合と同様に、通勤災害に関しても行われる（新法第23条〈現行・法第29条〉）。ただし、災害の予防に関する保健施設〈現行・社会復帰促進等事業〉は、通勤災害については、行われない（新法第23条の2）。

⑹　**費用負担**

　通勤災害に関する保険給付等に要する費用にあてるための保険料は、全額事業主が負担し、労働保険料として徴収される。この場合において、保険料率のうち通勤災害に係る率は、全事業につき一律であり、これに見合うものとして、本年12月1日から現行の労災保険率が1,000分の1ずつ引き上げられる。

　また、労働者は療養給付を受ける場合には、200円（日雇労働者健康保険の被保険者については50円）の一部負担金を支払う（新法第25条第2項〈現行・法第31条第2項〉）。ただし、通勤災害の原因である事故が第三者の行為により発生したものである場合等は、一部負担金を支払う必要はないものとされている。

⑺　**保険給付の特例**

　通勤災害に関しても、業務災害の場合と同様の保険給付の特例の措置が講じられており、労災保険の任意適用事業であって未加入のものの労働者にも、事後的に通勤災害保護制度適用のみちが開かれている（今次改正後の失業保険法及び労働者災害補償保険法の一部を改正する法律及び労働保険の保険料の徴収等に関する法律の施行に伴う関係法律の整備等に関する法律第18条の2）。この場合には、業務災害の場合と同様に、事業主は、労働保険料のほか、特別保険料を納付しなければならない（同法第19条）。

⑻　**新制度の適用**

　通勤災害保護制度は、昭和48年12月1日以後に生じた事故に起因する通勤災害について適用される（改正法附則第2条）。

2 労働者災害補償保険法の一部を改正する法律等の施行について

昭和48年11月22日　基発第644号
平成３年２月１日　基発第75号
平成18年３月31日　基発第0331042号
平成20年４月１日　基発0401042号
平成28年12月28日　基発1228第１号

　新法第７条第１項の規定は、労災保険から業務災害及び通勤災害に関して保険給付が行われるものであること並びに業務災害及び通勤災害の定義を定めたものである。

　業務災害の認定に関する取扱いは従来のとおりであるが、通勤災害の認定については、新たに発足した労働者の通勤災害保護制度の運営上の重要な問題であるので、別紙「通勤災害の範囲について」により慎重に行うこととされたい。

　なお、通勤災害の認定についても、全国を通じて統一的に行う必要があるので、各都道府県労働基準局〈現行・都道府県労働局〉において、別紙「通勤災害の範囲について」によっては、通勤災害に該当するか否かの認定の困難な事案については、当分の間、事案毎に本省あてりん伺することとされたい。

（別　紙）
「通勤災害の範囲について」

　通勤災害については、労災保険法第７条第１項第２号において「労働者の通勤による負傷、疾病、障害又は死亡」をいうものと定義されている。

　また、通勤については、同条第２項及び第３項において次のとおり定義されている。
「前項第２号の通勤とは、労働者が、就業に関し、次に掲げる移動を、合理的な経路および方法により行うことをいい、業務の性質を有するものを除くものとする。
１　住居と就業の場所との間の往復
２　厚生労働省令で定める就業の場所から他の就業の場所への移動
３　第１号に掲げる往復に先行し、又は後続する住居間の移動（厚生労働省令で定める要件に該当するものに限る。）」
「労働者が、前項各号に掲げる移動の経路を逸脱し、又は同項各号に掲げる移動を中断した場合においては、当該逸脱又は中断の間及びその後の同項各号に掲げる移動は、第１項第２号の通勤としない。ただし、当該逸脱又は中断が、日常生活上必要な行為であって厚生労働省令で定めるものをやむを得ない事由により行うための最小限度のものである場合は、当該逸脱又は中断の間を除き、この限りでない。」

　併せて、労災保険法第７条第２項第２号の厚生労働省令で定める就業の場所は、労災保険法施行規則第６条において次のように定められている。
　　「１　法第３条第１項の適用事業及び整備法第５条第１項の規定により労災保険に係る保険関係が成立している同項の労災保険暫定任意適用事業に係る就業の場所
　　２　法第34条第１項第１号、第35条第１項第３号又は第36条第１項第１号の規定により労働者とみなされる者（第46条の22の２に規定する者を除く。）に係る就業の場所
　　３　その他前２号に類する就業の場所」

また、労災保険法第7条第2項第3号の厚生労働省令で定める要件は、労災保険法施行規則第7条において次のように定められている。

　「法第7条第2項第3号の厚生労働省令で定める要件は、同号に規定する移動が、次の各号のいずれかに該当する労働者により行われるものであることとする。

1　転任に伴い、当該転任の直前の住居と就業の場所との間を日々往復することが当該往復の距離等を考慮して困難となったため住居を移転した労働者であって、次のいずれかに掲げるやむを得ない事情により、当該転任の直前の住居に居住している配偶者（婚姻の届出をしていないが、事実上婚姻関係と同様の事情にある者を含む。以下同じ。）と別居することとなったもの

　イ　配偶者が、要介護状態（負傷、疾病又は身体上若しくは精神上の障害により、2週間以上の期間にわたり常時介護を必要とする状態をいう。以下同じ。）にある労働者又は配偶者の父母又は同居の親族を介護すること。

　ロ　配偶者が、学校教育法（昭和22年法律第26号）第1条に規定する学校、同法第124条に規定する専修学校若しくは同法第134条第1項に規定する各種学校（以下「学校等」という。）に在学し、児童福祉法（昭和22年法律第164号）第39条第1項に規定する保育所（以下「保育所」という。）若しくは就学前の子どもに関する教育、保育等の総合的な提供の推進に関する法律（平成18年法律第77号）第2条第7項に規定する幼保連携型認定こども園（以下「幼保連携型認定こども園」という。）に通い、又は職業能力開発促進法（昭和44年法律第64号）第15条の7第3項に規定する公共職業能力開発施設の行う職業訓練（職業能力開発総合大学校において行われるものを含む。以下「職業訓練」という。）を受けている同居の子（18歳に達する日以後の最初の3月31日までの間にある子に限る。）を養育すること。

　ハ　配偶者が、引き続き就業すること。

　ニ　配偶者が、労働者又は配偶者の所有に係る住宅を管理するため、引き続き当該住宅に居住すること。

　ホ　その他配偶者が労働者と同居することができないと認められるイからニまでに類する事情

2　転任に伴い、当該転任の直前の住居と就業の場所との間を日々往復することが当該往復の距離等を考慮して困難となったため住居を移転した労働者であって、次のいずれかに掲げるやむを得ない事情により、当該転任の直前の住居に居住している子と別居することとなったもの（配偶者がないものに限る。）

　イ　当該子が要介護状態にあり、引き続き当該転任の直前まで日常生活を営んでいた地域において介護を受けなければならないこと。

　ロ　当該子（18歳に達する日以後の最初の3月31日までの間にある子に限る。）が学校等に在学し、又は職業訓練を受けていること。

　ハ　その他、当該子が労働者と同居できないと認められるイ又はロに類する事情

3　転任に伴い、当該転任の直前の住居から就業の場所との間を日々往復することが当該往復の距離等を考慮して困難となったため住居を移転した労働者であって、次のいずれかに掲げるやむを得ない事情により、当該転任の直前の住居に居住している当該労働者の父母又は親族（要介護状態にあり、かつ、当該労働者が介護していた父母又は親族に限る。）と別居することとなったもの（配偶者及び子がないものに限る。）

　イ　当該父母又は親族が、引き続き当該転任の直前まで日常生活を営んでいた地域において介護を受けなければならないこと。

　ロ　当該父母又は親族が労働者と同居できないと認められるイに類する事情

4　その他前3号に類する労働者」
　さらに、日常生活上必要な行為であって厚生労働省令で定めるものは、労災保険法施行規則第8条において、次のように定められている。
　　「法第7条第3項の厚生労働省令で定める行為は、次のとおりとする。
　　1　日用品の購入その他これに準ずる行為
　　2　職業訓練、学校教育法第1条に規定する学校において行われる教育その他これらに準ずる教育訓練であって職業能力の開発向上に資するものを受ける行為
　　3　選挙権の行使その他これに準ずる行為
　　4　病院又は診療所において診察又は治療を受けることその他これに準ずる行為
　　5　要介護状態にある配偶者、子、父母、孫、祖父母及び兄弟姉妹並びに配偶者の父母の介護（継続的に又は反復して行われるものに限る。）」
　上に述べた定義について、具体的に説明すると次のとおりである。

1　「通勤による」の意義

　「通勤による」とは通勤と相当因果関係のあること、つまり、通勤に通常伴う危険が具体化したことをいう。
① 具体的には、通勤の途中において、自動車にひかれた場合、電車が急停車したため転倒して受傷した場合、駅の階段から転落した場合、歩行中にビルの建設現場から落下してきた物体により負傷した場合、転倒したタンクローリーから流れ出す有害物質により急性中毒にかかった場合等、一般に通勤中に発生した災害は通勤によるものと認められる。
② しかし、自殺の場合、その他被災者の故意によって生じた災害、通勤の途中で怨恨をもってけんかをしかけて負傷した場合などは、通勤をしていることが原因となって災害が発生したものではないので、通勤災害とは認められない。

2　「就業に関し」の意義

　「就業に関し」とは、移動行為が業務に就くため又は業務を終えたことにより行われるものであることを必要とする趣旨を示すものである。つまり、通勤と認められるには、移動行為が業務と密接な関連をもって行われることを要することを示すものである。
① まず、労働者が、業務に従事することになっていたか否か、又は現実に業務に従事したか否かが、問題となる。
　　この場合に所定の就業日に所定の就業場所で所定の作業を行うことが業務であることはいうまでもない。また、事業主の命によって物品を届けに行く場合にも、これが業務となる。また、このような本来の業務でなくとも、全職員について参加が命じられ、これに参加すると出勤扱いとされるような会社主催の行事に参加する場合等は業務と認められる。さらに、事業主の命を受けて得意先を接待し、あるいは、得意先との打ち合わせに出席するような場合も、業務となる。逆に、このような事情のない場合、例えば、休日に会社の運動施設を利用しに行く場合はもとより会社主催ではあるが参加するか否かが労働者の任意とされているような行事に参加するような場合には、業務とならない。ただし、そのような会社のレクリエーション行事であっても、厚生課員が仕事としてその行事の運営にあたる場合には当然業務となる。また、事業主の命によって労働者が拘束されないような同僚との懇親会、同僚の送別会への参加等も、業務とはならない。
　　さらに、労働者が労働組合大会に出席するような場合は、労働組合に雇用されていると認められる専従役職員については就業との関連性が認められるのは当然であるが、一般の組合員については就業との関連性は認められない。

②(イ)　出勤（労災保険法第7条第2項第1号の住居から就業の場所への移動をいい、同項第2号の場合の第2の就業の場所への移動を含む。以下同じ。）の就業との関連性についてであるが、所定の就業日に所定の就業開始時刻を目途に住居を出て就業の場所へ向かう場合は、寝すごしによる遅刻、あるいはラッシュを避けるための早出等、時刻的に若干の前後があっても就業との関連性があることはもちろんである。他方、運動部の練習に参加する等の目的で、例えば、

(i)　午後の遅番の出勤者であるにもかかわらず、朝から住居を出る等、所定の就業開始時刻とかけ離れた時刻に会社に行く場合や

(ii)　第2の就業場所にその所定の就業開始時刻と著しくかけ離れた時刻に出勤する場合

には、当該行為は、むしろ当該業務以外の目的のために行われるものと考えられるので、就業との関連性はないと認められる。

　なお、日々雇用される労働者については、継続して同一の事業に就業しているような場合は、就業することが確実であり、その際の出勤は、就業との関連性が認められるし、また公共職業安定所等でその日の紹介を受けた後に、紹介先へ向う場合で、その事業で就業することが見込まれるときも、就業との関連性を認めることができる。しかし、公共職業安定所等でその日の紹介を受けるために住居から公共職業安定所等まで行く行為は、未だ就職できるかどうか確実でない段階であり、職業紹介を受けるための行為であって、就業のための出勤行為であるとはいえない。

(ロ)　退勤（労災保険法第7条第2項第1号の就業の場所から住居への移動をいう。）の場合であるが、この場合にも、終業後ただちに住居へ向かう場合は就業に関するものであることについては、問題がない。このことは、日々雇用される労働者の場合でも同様である。

　また、所定の就業時間終了前に早退をするような場合であっても、その日の業務を終了して帰るものと考えられるので、就業との関連性を認められる。

　なお、通勤は1日について1回のみしか認められないものではないので、昼休み等就業の時間の間に相当の間隔があって帰宅するような場合には、昼休みについていえば、午前中の業務を終了して帰り、午後の業務に就くために出勤するものと考えられるので、その往復行為は就業との関連性を認められる。

　また、業務の終了後、事業場施設内で、囲碁、麻雀、サークル活動、労働組合の会合に出席をした後に帰宅するような場合には、社会通念上就業と帰宅との直接的関連を失わせると認められるほど長時間となるような場合を除き、就業との関連性を認めても差し支えない。

(ハ)　労災保険法第7条第2項第3号の通勤における帰省先住居から赴任先住居への移動の場合であるが、実態等を踏まえ、業務に就く当日又は前日に行われた場合は、就業との関連性を認めて差し支えない。ただし、前々日以前に行われた場合は、交通機関の状況等の合理的理由があるときに限り、就業との関連性が認められる。

(ニ)　労災保険法第7条第2項第3号の住居間移動における赴任先住居から帰省先住居への移動の場合であるが、実態等を踏まえて、業務に従事した当日又はその翌日に行われた場合は、就業との関連性を認めて差し支えない。ただし、翌々日以後に行われた場合は、交通機関の状況等の合理的理由があるときに限り、就業との関連性が認められる。

3　「合理的な経路及び方法」の意義

「合理的な経路及び方法」とは、当該移動の場合に、一般に労働者が用いるものと認められる経路及び手段等をいうものである。

①　経路については、乗車定期券に表示され、あるいは、会社に届け出ているような、鉄道、バス等の通常利用する経路及び通常これに代替することが考えられる経路等が合理的な経路となることはいうまでもない。また、タクシー等を利用する場合に、通常利用することが考えられ

る経路が二、三あるような場合には、その経路は、いずれも合理的な経路となる。また、経路の道路工事、デモ行進等当日の交通事情により迂回してとる経路、マイカー通勤者が貸切の車庫を経由して通る経路等通勤のためにやむを得ず取ることとなる経路は合理的経路となる。さらに、他に子供を監護する者がいない共稼労働者が託児所、親せき等にあずけるためにとる経路などは、そのような立場にある労働者であれば、当然、就業のためにとらざるを得ない経路であるので、合理的な経路となるものと認められる。

　逆に、上に述べたところから明らかなように、特段の合理的な理由もなく著しく遠回りとなるような経路をとる場合には、これは合理的な経路とは認められないことはいうまでもない。また、経路は、手段とあわせて合理的なものであることを要し、鉄道線路、鉄橋、トンネル等を歩行して通る場合は、合理的な経路とはならない。

② 次に方法については、鉄道、バス等の公共交通機関を利用し、自動車、自転車等を本来の用法に従って使用する場合、徒歩の場合等、通常用いられる交通方法は、当該労働者が平常用いているか否かにかかわらず一般に合理的な方法と認められる。しかし、例えば、免許を一度も取得したことのないような者が自動車を運転する場合、自動車、自転車等を泥酔して運転するような場合には、合理的な方法と認められない。なお、飲酒運転の場合、単なる免許証不携帯、免許証更新忘れによる無免許運転の場合等は、必ずしも、合理性を欠くものとして取り扱う必要はないが、この場合において、諸般の事情を勘案し、給付の支給制限が行われることがあることは当然である。

4 「業務の性質を有するもの」の意義

「業務の性質を有するもの」とは、当該移動による災害が業務災害と解されるものをいう。

　具体例としては、事業主の提供する専用交通機関を利用してする通勤、突発的事故等による緊急用務のため、休日又は休暇中に呼出しを受け予定外に緊急出勤する場合がこれにあたる。

5 「住居」の意義

① 労災保険法第7条第2項第1号の「住居」とは、労働者が居住して日常生活の用に供している家屋等の場所で、本人の就業のための拠点となるところを指すものである。

　したがって、就業の必要性があって、労働者が家族の住む場所とは別に就業の場所の近くに単身でアパートを借りたり、下宿をしてそこから通勤しているような場合は、そこが住居である。さらに通常は家族のいるところから出勤するが、別のアパート等を借りていて、早出や長時間の残業の場合には当該アパートに泊り、そこから通勤するような場合には、当該家族の住居とアパートの双方が住居と認められる。また、長時間の残業や、早出出勤及び平成3年2月1日付け基発第75号通達における新規赴任、転勤のため等の勤務上の事情や、交通ストライキ等交通事情、台風などの自然現象等の不可抗力的な事情により、一時的に通常の住居以外の場所に宿泊するような場合には、やむを得ない事情で就業のために一時的に居住の場所を移していると認められるので、当該場所を住居と認めて差し支えない。

　逆に、友人宅で麻雀をし、翌朝そこから直接出勤する場合等は、就業の拠点となっているものではないので、住居とは認められない。

　なお、転任等のやむを得ない事情のために同居していた配偶者と別居して単身で生活する者や家庭生活の維持という観点から自宅を本人の生活の本拠地とみなし得る合理的な理由がある独身者にとっての家族の住む家屋については、当該家屋と就業の場所との間を往復する行為に反復・継続性が認められるときは住居と認めて差し支えない。

② 労災保険法第7条第2項第3号の通勤における赴任先住居とは、①の住居の考え方と同様に、労働者が日常生活の用に供している家族等の場所で本人の就業のための拠点となるところを指

すものである。また、同号の通勤における帰省先住居についても、当該帰省先住居への移動に反復・継続性が認められることが必要である。さらに、労災保険法施行規則第7条第1号イにおける労働者又は配偶者の父母の居住している場所についても、反復・継続性が認められる場合は「住居」と認められる。

6 「就業の場所」の意義

「就業の場所」とは、業務を開始し、又は終了する場所をいう。

業務の意義については、2の①について述べたところであるが、具体的な就業の場所には、本来の業務を行う場所のほか、物品を得意先に届けてその届け先から直接帰宅する場合の物品の届け先、全員参加で出勤扱いとなる会社主催の運動会の会場等がこれにあたることとなる。

なお、外勤業務に従事する労働者で、特定区域を担当し、区域内にある数カ所の用務先を受け持って自宅との間を往復している場合には、自宅を出てから最初の用務先が業務開始の場所であり、最後の用務先が、業務終了の場所と認められる。

また、労災保険法第7条第2項第2号の通勤における第1の就業の場所についても、労災保険法の適用事業、通勤災害保護制度の対象となっている特別加入者に係る就業の場所及びこれらに類する就業の場所とする。「類する就業の場所」とは、具体的には、地方公務員災害補償法、国家公務員災害補償法又は船員保険法による通勤災害保護対象となる勤務場所又は就業の場所とする。

7 「逸脱」、「中断」及び「日用品の購入その他これに準ずる日常生活上必要な行為であって厚生労働省令で定めるものをやむを得ない事由により行うための最小限度のもの」の意義

① 「逸脱」とは、通勤の途中において就業又は通勤とは関係のない目的で合理的な経路をそれることをいい、「中断」とは、通勤の経路上において通勤とは関係のない行為を行うことをいう。具体的には、途中で麻雀を行う場合、映画館に入る場合、バー、キャバレー等で飲酒する場合、デートのため長時間にわたってベンチで話しこんだり、経路からはずれる場合がこれに該当する。

しかし、経路の近くにある公衆便所を使用する場合、帰途に経路の近くにある公園で短時間休息する場合や、経路上の店でタバコ、雑誌等を購入する場合、駅構内でジュースの立飲みをする場合、経路上の店で渇きをいやすため極く短時間、お茶、ビール等を飲む場合、経路上で商売している大道の手相見、人相見に立寄って極く短時間手相や人相をみてもらう場合等のように通常経路の途中で行うようなささいな行為を行う場合には、逸脱、中断に該当しない。ただし、飲み屋やビヤホール等において、長時間にわたって腰をおちつけるに至った場合や、経路からはずれ又は門戸を構えた観相家のところで、長時間にわたり、手相、人相等をみてもらう場合等は、逸脱、中断に該当する。

② 逸脱、中断の間及びその後の移動は原則として通勤とは認められないが、当該逸脱・中断が日用品の購入その他これに準ずる行為等をやむを得ない事由により最小限度の範囲で行う場合には、当該逸脱、中断の後、合理的な経路に復した後は通勤と認められることとされている。

なお、「やむを得ない事由により」とは、日常生活の必要のあることをいい、「最小限度のもの」とは、当該逸脱又は中断の原因となった行為の目的達成のために必要とする最小限度の時間、距離等をいう。

㈠ 「日用品の購入その他これに準ずる行為」とは、具体的には、帰途で惣菜等を購入する場合、独身者が食堂に食事に立ち寄る場合、クリーニング店に立ち寄る場合等がこれに該当する。

また、労災保険法第7条第2項第2号の通勤では、これらに加え、次の就業の場所の始業時間との関係から食事に立ち寄る場合、図書館等における業務に必要な情報収集等を行う場

合等も含み、同項第3号の通勤では、長距離を移動するために食事に立ち寄る場合やマイカー通勤のための仮眠をとる場合等も該当するものとする。

(ロ) 「これらに準ずる教育訓練であって職業能力の開発向上に資するものを受ける行為」とは、職業能力開発総合大学校における職業訓練及び専修学校における教育がこれに該当する。各種学校における教育については、就業期間が1年以上であって、過程の内容が一般的に職業に必要な技術、例えば、工業、医療、栄養士、調理師、理容師、美容師、保母教員、商業経理、和洋裁等に必要な技術を教授するもの（茶道、華道等の過程又は自動車教習所若しくはいわゆる予備校の過程はこれに該当しないものとして取り扱う。）は、これに該当するものとして取り扱うこととする。

(ハ) 「選挙権の行使その他これに準ずる行為」とは、具体的には、選挙権の行使、最高裁判所裁判官の国民審査権の行使、住民の直接請求権の行使等がこれに該当する。

(ニ) 「病院又は診療所において診察又は治療を受けることその他これに準ずる行為」とは、病院又は診療所において通常の医療を受ける行為に限らず、人工透析など比較的長時間を要する医療を受けることも含んでいる。また、施術所において、柔道整復師、あん摩マッサージ指圧師、はり師、きゅう師等の施術を受ける行為もこれに該当する。

(ホ) 「要介護状態にある配偶者、子、父母、孫、祖父母及び兄弟姉妹並びに配偶者の父母の介護（継続的に又は反復して行われるものに限る。）」とは、例えば、定期的に、帰宅中に一定時間父の介護を行うために父と同居している兄宅に立ち寄る場合が該当する。

「介護」とは、歩行、排泄、食事等の日常生活に必要な便宜を供与するという意である。「継続的に又は反復して」とは、例えば毎日あるいは1週間に数回など労働者が日常的に介護を行う場合をいい、初めて介護を行った場合は、客観的にみてその後も継続的に又は反復して介護を行うことが予定されていればこれに該当する。

8 「転任」の意義

「転任」とは、企業の命を受け、就業する場所が変わることをいう。また、就業していた場所、つまり事業場自体の場所が移転した場合も該当することとする。

9 「距離等を考慮して困難」の意義

転任直前の住居と就業の場所との間の距離について、最も経済的かつ合理的と認められる通常の経路で判断するものとする。

具体的には、その経路について、徒歩による測定距離や鉄道事業法（昭和61年法律第92号）第13条に規定する鉄道運送事業者の調べに係る鉄道旅客貨物運賃算出表の掲げる距離等を組み合わせた距離が60キロメートル以上の場合又は、60キロメートル未満であっても、移動方法、移動時間、交通機関の状況等から判断して60キロメートル以上の場合に相当する程度に通勤が困難である場合とする。

10 「要介護状態」の意義

「常時介護を要する状態」とは、別表により判断する。

11 「類する事情」の例示

(イ) 労災保険法施行規則第7条第1号ホの事情とは、例えば以下のような事情とする。
・配偶者が、引き続き特定の医療機関において治療を受けざるを得ない子を養育すること。
・配偶者が、引き続き特定の医療機関において治療を受けざるを得ないこと。
・配偶者が、要介護状態にあり、引き続き当該転任の直前まで日常生活を営んでいた地域におい

て介護を受けざるを得ないこと。

・配偶者が、学校等に在学し、又は職業訓練を受けていること。

㈣　労災保険法施行規則第7条第2号ハの事情とは、例えば以下のような事情とする。

・子が、引き続き特定の医療機関において治療を受けざるを得ないこと。

㈥　労災保険法施行規則第7条第3号ロの事情とは、例えば以下のような事情とする。

・労働者が同居介護していた要介護状態にある父母又は親族が、当該転任の直前まで日常生活を営んでいた地域の特定の医療機関において引き続き治療を受けざるを得ないこと。

㈡　労災保険法施行規則第7条第4号の労働者は、例えば以下のような労働者とする。

・第1号から第3号までのいずれかの転任後、さらに転任をし、最初の転任の直前の住居から直近の転任の直後の就業の場所に通勤することが困難な労働者。

・同条第1号から第3号までのいずれかの転任後、配偶者等が転任直前の住居から引っ越した場合において、同条第1号から第3号までのいずれかのやむを得ない事情が引き続いており、引っ越し後の住居と転任直後の就業の場所との間を日々往復することが困難な労働者。

・当該転任の直前の住居から当該転任の直後の就業の場所へ通勤することが困難ではないが、職務の性質上、就業の場所に近接した場所に居住することが必要なため、住居を移転し、同条第1号から第3号までに掲げる者と別居することとなった労働者。

・労働者が配偶者等を一旦帯同して赴任したが、学校に入学する子を養育する等のやむを得ない事情により、配偶者等が再び転任直前の住居に居住することになり別居するに至った労働者。

　別表　＜略＞

3 通勤災害保護制度の変遷

I　通勤災害保護制度の創設の経緯

　昭和40年代の高度成長期に、産業が都市に集中化されたことによって、都市の肥大化が進み、これに伴って交通事情、住宅事情などの急激な変化が通勤環境におよぼした影響が極めて大きくなった一方では、過疎化した地方における交通手段の変化も通勤の態様に大きな変化を生じさせ、とりわけ、通勤の遠距離化、通勤する者が集中する時間帯の発生、また、交通機関の高速化などによって「交通地獄」、「交通戦争」「ラッシュアワー」などの言葉を生み、ひっ迫した社会現象によって、通勤が、従来にない危険と困難を伴うものとなってきたため、昭和45年2月に労働大臣（現厚生労働大臣）の私的諮問機関として「通勤途上災害調査会」が設置され、昭和47年8月に当時の労働大臣に対して、次のような内容の報告が行われました。

⑴　近年のわが国における通勤難は、企業の都市集中、住宅立地の遠隔化等によって深刻化しており、昭和45年の調査によれば、年率に換算して1,000人に対し約4人が通勤途上で休業1日以上の災害を被っていること。

⑵　わが国の現行法制度は、原則として通勤災害を業務上災害としてとらえることは困難であるが、通勤は、労働者が労務を提供するための不可欠な行為であり単なる私的行為とは異なったものであること。

⑶　通勤途上災害は、社会全体の立場からみると、産業の発展、通勤の遠距離化等のためにある程度不可避的に生ずる社会的な危険となってきており、労働者の私生活上の損失として放置されるべきものではなく、何らかの社会的な保護制度の創設によって対処すべき性格のものであること。

⑷　その保護の水準を考える場合、保護の必要性が通勤の業務関連性、通勤途上災害の性格、労働者の社会的地位等に由来するとともに、制度の目的を被災労働者の早期職場復帰におくとするならば、一般的な生活保護ではなく、「必要な期間、必要な給付」を行い、リハビリテーションもあわせて行う業務災害と同程度の保護を行うことが必要かつ適切であること。

⑸　通勤途上災害の保護については、初回の療養を受ける際に労働者が一定の負担を行うものとするほか、業務上災害に関する給付に準ずるものを労災保険の仕組みを用いて行うべきこと。

　報告を受けた労働省（現厚生労働省）は、業務外の災害として健康保険等によって保護されていた通勤による負傷等について、業務上の事由による負傷等に準じた保険給付を行うことを目的に、労働者災害補償保険法（以下「労災保険法」といいます。）の一部改正案を作成し、関係審議会等への諮問等必要な手続きを経たうえで、同法案は昭和48年9月に成立（法律第85号）し、同年12月1日から施行されたものです。

　その後、通勤経路からの「逸脱・中断」の見直し、「複数就業者の事業場間の移動」、「単身赴任者の赴任先住居・帰省先住居間の移動」などの改正が行われてきました。

II　通勤災害保護制度の主たる変遷

昭和48年（通勤災害保護制度の誕生）
○労災保険法の一部を改正する法律（昭和48年法律第85号）
　労災保険法第7条を新設

第7条　この法律による保険給付は、次に掲げる保険給付とする。
1　労働者の業務上の負傷、疾病、障害又は死亡（以下「業務災害」という。）に関する保険給付
2　労働者の通勤による負傷、疾病、障害又は死亡（以下「通勤災害」という。）に関する保険給付
②　前項第2号の通勤とは、労働者が、就業に関し、住居と就業の場所との間を、合理的な経路及び方法により往復することをいい、業務の性質を有するものを除くものとする。
③　労働者が、前項の往復の経路を逸脱し、又は同項の往復を中断した場合においては、当該逸脱又は中断の間及びその後の同項の往復は、第1項第2号の通勤としない。ただし、当該逸脱又は中断が、日用品の購入その他これに準ずる日常生活上必要な行為をやむを得ない事由により行うための最小限度のものである場合は、当該逸脱又は中断の間を除きこの限りでない。

○労災保険法の一部を改正する法律の施行について

（昭和48年11月22日付け　基発第644号）

［別紙］通勤災害の範囲について
五　「合理的な経路及び方法」の意義
「合理的な経路及び方法」とは、当該住居と就業の場所との間を往復する場合に、一般に労働者が用いるものと認められる経路及び手段等をいうものである。
①　これをとくに経路に限っていえば、〈中略〉他に子供を監護する者がいない共稼労働者が託児所、親せき等に子供をあずけるためにとる経路などは、そのような立場にある労働者であれば、当然、就業のためにとらざるを得ない経路であるので、合理的な経路となるものと認められる。〈以下略〉
七　「逸脱」、「中断」及び「日用品の購入その他これに準ずる日常生活上必要な行為をやむを得ない事由により行うための最小限度のもの」の意義
〈中略〉
「日用品の購入その他これに準ずる日常生活上必要な行為」の具体例としては、帰途で惣菜等を購入する場合、独身労働者が食堂に食事に立ち寄る場合、クリーニング店に立ち寄る場合、通勤の途次に病院、診療所で治療を受ける場合、選挙の投票に立ち寄る場合等がこれに該当する。
なお、「やむを得ない事由により行うため」とは、日常生活の必要から通勤の途中で行う必要のあることをいい、「最小限度のもの」とは、当該逸脱又は中断の原因となった行為の目的達成のために必要とする最小限度の時間、距離等をいうものである。

昭和62年（日常生活上必要な行為の法制化）
○労災保険法及び労働保険の保険料の徴収等に関する法律の一部を改正する法律

（昭和61年法律第59号）

労災保険法第7条の一部改正

旧	新
第7条〈略〉 2　〈略〉 3　労働者が、前項往復の経路を逸脱し、又は同項の往復を中断した場合においては、当該逸脱又は中断の間及びその後の同項の往復は、第1項第2号の往復としない。ただし、当該逸脱又は中断が、<u>日用品の購入その他これに準ずる</u><u>日常生活上必要な行為</u>をやむを得ない事由により行うための最小限度のものである場合は、当該逸脱又は中断の間を除き、この限りでない。	第7条　〈略〉 2　〈略〉 3　労働者が、前項往復の経路を逸脱し、又は同項の往復を中断した場合においては、当該逸脱又は中断の間及びその後の同項の往復は、第1項第2号の往復としない。ただし、当該逸脱又は中断が、<u>日常生活上必要な行為であって労働省令で定めるものを</u>やむを得ない事由により行うための最小限度のものである場合は、当該逸脱又は中断の間を除き、この限りでない。

○**労災保険法施行規則の一部を改正する省令**　　　　　　　　　（昭和62年労働省令第11号）
　労災保険法施行規則第8条の新設

（日常生活上必要な行為）
第8条　法第7条第3項の労働省令で定める行為は、次のとおりとする。
　　1　日用品の購入その他これに準ずる行為
　　2　職業能力開発促進法（昭和44年法律第64号）第16条第4項に規定する公共職業訓練施設において行われる職業訓練、学校教育法（昭和22年法律第26号）第1条に規定する学校において行われる教育その他これらに準ずる教育訓練であって職業能力の開発向上に資するものを受ける行為
　　3　選挙権の行使その他これに準ずる行為
　　4　病院又は診療所において診療又は治療を受けることその他これに準ずる行為

労災保険法及び保険料の徴収等に関する法律の一部を改正する法律の施行（第二次分）等について（平成62年3月30日　発労徴23号・基発第174号）

平成3年
○**赴任途上における業務災害等の取扱いについて**　　　　（平成3年2月1日付け　基発第75号）
　赴任途上における業務災害や通勤災害の認定基準の明確化等

平成17年（通勤範囲の拡大）
○**労働安全衛生法等の一部を改正する法律**（平成17年法律第108号）
　労災保険法第7条の一部改正

旧	新
第7条　〈略〉 2　前項第2号の通勤とは、労働者が、就業に関し、<u>住居と就業の場所との間を、</u>合理的な経路及び方法により<u>往復することをいい、</u>業務の性質を有するものを除くものとする。 3　〈略〉	第7条　〈略〉 2　前項第2号の通勤とは、労働者が、就業に関し、<u>次に掲げる移動を、</u>合理的な経路及び方法により行うことをいい、業務の性質を有するものを除くものとする。 1　<u>住居と就業の場所との間の往復</u> 2　<u>厚生労働省令で定める就業の場所から他の就業の場所への移動</u> 3　<u>第1号に掲げる往復に先行し、又は後続する住居間の移動（厚生労働省令で定める要件に該当するものに限る）</u> 3　〈略〉

平成18年
○労災保険法の一部改正の施行及び労災保険法施行規則及び労災保険特別支給金支給規則の一部を改正する省令の施行について　　　　（平成18年3月31日付け　基発第0331042号）

平成20年
○**労災保険法施行規則の一部を改正する省令**　　　　（平成20年厚生労働省令第36号）
　労災保険法施行規則第8条の改正

旧	新
第8条　法第7条第3項の厚生労働省令で定める行為は、次のとおりとする。 1　日用品の購入その他これに準ずる行為 2　職業訓練、学校教育法第1条に規定する学校において行われる教育その他これらに準ずる教育訓練であって職業能力の開発向上に資するものを受ける行為 3　選挙権の行使その他これに準ずる行為 4　病院又は診療所において診察又は治療を受けることその他これに準ずる行為	第8条　法第7条第3項の厚生労働省令で定める行為は、次のとおりとする。 1　日用品の購入その他これに準ずる行為 2　職業訓練、学校教育法第1条に規定する学校において行われる教育その他これらに準ずる教育訓練であって職業能力の開発向上に資するものを受ける行為 3　選挙権の行使その他これに準ずる行為 4　病院又は診療所において診療又は治療を受けることその他これに準ずる行為 5　<u>要介護状態にある配偶者、子、父母、配偶者の父母並びに同居し、かつ、扶養している孫、祖父母及び兄弟姉妹の介護（継続的に又は反復して行われるものに限る。）</u>

※労働者災害補償保険法施行規則の一部を改正する省令の施行について
　　　　　　　　　　　平成20年4月1日付け　基発0401042号

平成28年

○労災保険法施行規則の一部を改正する省令　　　　　　　（平成28年厚生労働省令第186号）

　労災保険法施行規則第8条の改正

旧	新
（日常生活上必要な行為） 第8条　法第7条第3項の厚生労働省令で定める行為は、次のとおりとする。 1～4　〈略〉 5　要介護状態にある配偶者、子、父母、配偶者の父母並びに同居し、かつ、扶養している孫、祖父母及び兄弟姉妹の介護（継続的に又は反復して行われるものに限る。）	（日常生活上必要な行為） 第8条　法第7条第3項の厚生労働省令で定める行為は、次のとおりとする。 1～4　〈略〉 5　要介護状態にある配偶者、子、父母、孫、祖父母及び兄弟姉妹並びに配偶者の父母の介護（継続的に又は反復して行われるものに限る。）

※労働者災害補償保険法施行規則の一部を改正する省令の施行について
　　　　　　　　　　　　　平成28年12月28日付け　基発1228第1号

4 労働者災害補償保険法
（昭和22年4月7日法律第50号）（抄）

（目的）

第1条　労働者災害補償保険は、業務上の事由又は通勤による労働者の負傷、疾病、障害、死亡等に対して迅速かつ公正な保護をするため、必要な保険給付を行い、あわせて、業務上の事由又は通勤により負傷し、又は疾病にかかった労働者の社会復帰の促進、当該労働者及びその遺族の援護、労働者の安全及び衛生の確保等を図り、もって労働者の福祉の増進に寄与することを目的とする。

（労働者災害補償保険）

第2条の2　労働者災害補償保険は、第1条の目的を達成するため、業務上の事由又は通勤による労働者の負傷、疾病、障害、死亡等に関して保険給付を行うほか、社会復帰促進等事業を行うことができる。

（保険給付の種類等）

第7条　この法律による保険給付は、次に掲げる保険給付とする。

　　1　労働者の業務上の負傷、疾病、障害又は死亡（以下「業務災害」という。）に関する保険給付

　　2　労働者の通勤による負傷、疾病、障害又は死亡（以下「通勤災害」という。）に関する保険給付

　　3　二次健康診断等給付

②　前項第2号の通勤とは、労働者が、就業に関し、次に掲げる移動を、合理的な経路及び方法により行うことをいい、業務の性質を有するものを除くものとする。

　　1　住居と就業の場所との間の往復

　　2　厚生労働省令で定める就業の場所から他の就業の場所への移動

　　3　第1号に掲げる往復に先行し、又は後続する住居間の移動（厚生労働省令で定める要件に該当するものに限る。）

③　労働者が、前項各号に掲げる移動の経路を逸脱し、又は同項各号に掲げる移動を中断した場合においては、当該逸脱又は中断の間及びその後の同項各号に掲げる移動は、第1項第2号の通勤としない。ただし、当該逸脱又は中断が、日常生活上必要な行為であって厚生労働省令で定めるものをやむを得ない事由により行うための最小限度のものである場合は、当該逸脱又は中断の間を除き、この限りでない。

（給付基礎日額）

第8条　給付基礎日額は、労働基準法第12条の平均賃金に相当する額とする。この場合において、同条第1項の平均賃金を算定すべき事由の発生した日は、前条第1項第1号及び第2号に規定する負傷若しくは死亡の原因である事故が発生した日又は診断によって同項第1号及び第2号に規定する疾病の発生が確定した日（以下「算定事由発生日」という。）とする。

②　労働基準法第12条の平均賃金に相当する額を給付基礎日額とすることが適当でないと認められるときは、前項の規定にかかわらず、厚生労働省令で定めるところによって政府が算定する額を給付基礎日額とする。

（通勤災害に関する保険給付の種類）

第21条　第7条第1項第2号の通勤災害に関する保険給付は、次に掲げる保険給付とする。

　　1　療養給付

　　2　休業給付

3　障害給付
　　4　遺族給付
　　5　葬祭給付
　　6　傷病年金
　　7　介護給付
（療養給付）
第22条　療養給付は、労働者が通勤（第7条第1項第2号の通勤をいう。以下同じ。）により負傷し、又は疾病（厚生労移動省令で定めるものに限る。以下この節において同じ。）にかかった場合に、当該労働者に対し、その請求に基づいて行う。
②　第13条の規定は、療養給付について準用する。
（休業給付）
第22条の2　休業給付は、労働者が通勤による負傷又は疾病に係る療養のため労働することができないために賃金を受けない場合に、当該労働者に対し、その請求に基づいて行う。
②　第14条及び第14条の2の規定は、休業給付について準用する。以下略
③　略
（障害給付）
第22条の3　障害給付は、労働者が通勤により負傷し、又は疾病にかかり、なおったとき身体に障害が存する場合に、当該労働者に対し、その請求に基づいて行う。
②　障害給付は、第15条第1項の厚生労働省令で定める障害等級に応じ、障害年金または障害一時金とする。
③　第15条第2項及び第15条の2並びに別表第1（障害補償年金に係る部分に限る。）及び別表第2（障害補償一時金に係る部分に限る。）の規定は、障害給付について準用する。以下略
（遺族給付）
第22条の4　遺族給付は、労働者が通勤により死亡した場合に、当該労働者の遺族に対し、その請求に基づいて行う。
②　遺族給付は、遺族年金又は遺族一時金とする。
③　第16条の2から第16条の9まで並びに別表第1（遺族補償年金に係る部分に限る。）及び別表第2（遺族補償一時金に係る部分に限る。）の規定は、遺族給付について準用する。以下略
（葬祭給付）
第22条の5　葬祭給付は、労働者が通勤により死亡した場合に、葬祭を行う者に対し、その請求に基づいて行う。
②　第17条の規定は、葬祭給付について準用する。
（傷病年金）
第23条　傷病年金は、通勤により負傷し、又は疾病にかかった労働者が、当該負傷又は疾病に係る療養の開始後1年6箇月を経過した日において次の各号のいずれにも該当するとき、又は同日後次の各号のいずれにも該当することになったときに、その状態が継続している間、当該労働者に対して支給する。
　　1　当該負傷又は疾病が治っていないこと。
　　2　当該負傷又は疾病による障害の程度が第12条の8第3項第2号の厚生労働省令で定める傷病等級に該当すること。
②　第18条、第18条の2及び別表第1（傷病補償年金に係る部分に限る。）の規定は、傷病年金について準用する。以下略
（介護給付）
第24条　介護給付は、障害年金又は傷病年金を受ける権利を有する労働者が、その受ける権利

を有する障害年金又は傷病年金の支給事由となる障害であって第12条の8第4項の厚生労働省令で定める程度のものにより、常時または随時介護を要する状態にあり、かつ、常時又は随時介護を受けているときに、当該介護を受けている間（次に掲げる間を除く。）当該労働者に対し、その請求に基づいて行う。

　1障害者支援施設に入所している間（生活介護を受けている場合に限る。）

　2第12条の8第4項第2号の厚生労働大臣が定める施設に入所している間

　3病院又は診療所に入院している間

②　第19条の2の規定は、介護給付について準用する。

2　労働者災害補償保険法施行規則（昭和30年9月1日　労働省令第22号）（抄）

（法第7条第2項第2号の厚生労働省令で定める就業の場所）

第6条　法第7条第2項第2号の厚生労働省令で定める就業の場所は、次のとおりとする。

1　法第3条第1項の適用事業場及び整備法第5条第1項の規定により労災保険に係る保険関係が成立している同項の労災保険暫定任意適用事業に係る就業の場所

2　法第34条第1項第1号、第35条第1項第3号又は第36条第1項第1号の規定により労働者とみなされる者（第46条の22の2に規定する者を除く。）に係る就業の場所

3　その他前2号に類する就業の場所

（法第7条第2項第3号の厚生労働省令で定める要件）

第7条　略（95頁参照）

（日常生活上必要な行為）

第8条　略（96頁参照）

障害等級	給付の内容	身　体　障　害
第1級	当該障害の存する期間1年につき給付基礎日額の313日分	1　両眼が失明したもの 2　そしゃく及び言語の機能を廃したもの 3　神経系統の機能又は精神に著しい障害を残し、常に介護を要するもの 4　胸腹部臓器の機能に著しい障害を残し、常に介護を要するもの 5　削除 6　両上肢をひじ関節以上で失ったもの 7　両上肢の用を全廃したもの 8　両下肢をひざ関節以上で失ったもの 9　両下肢の用を全廃したもの
第2級	同277日分	1　1眼が失明し、他眼の視力が0.02以下になったもの 2　両眼の視力が0.02以下になったもの 2の2　神経系統の機能又は精神に著しい障害を残し、随時介護を要するもの 2の3　胸腹部臓器の機能に著しい障害を残し、随時介護を要するもの 3　両上肢を手関節以上で失ったもの 4　両下肢を足関節以上で失ったもの
第3級	同245日分	1　1眼が失明し、他眼の視力が0.06以下になったもの 2　そしゃく又は言語の機能を廃したもの 3　神経系統の機能又は精神に著しい障害を残し、終身労務に服することができないもの 4　胸腹部臓器の機能に著しい障害を残し、終身労務に服することができないもの 5　両手の手指の全部を失ったもの
第4級	同213日分	1　両眼の視力が0.06以下になったもの 2　そしゃく及び言語の機能に著しい障害を残すもの 3　両耳の聴力を全く失ったもの 4　1上肢をひじ関節以上で失ったもの 5　1下肢をひざ関節以上で失ったもの 6　両手の手指の全部の用を廃したもの 7　両足をリスフラン関節以上で失ったもの
第5級	同184日分	1　1眼が失明し、他眼の視力が0.1以下になったもの 1の2　神経系統の機能又は精神に著しい障害を残し、特に軽易な労務以外の労務に服することができないもの 1の3　胸腹部臓器の機能に著しい障害を残し、特に軽易な労務以外の労務に服することができないもの 2　1上肢を手関節以上で失ったもの 3　1下肢を足関節以上で失ったもの 4　1上肢の用を全廃したもの 5　1下肢の用を全廃したもの 6　両足の足指の全部を失ったもの
第6級	同156日分	1　両眼の視力が0.1以下になったもの 2　そしゃく又は言語の機能に著しい障害を残すもの 3　両耳の聴力が耳に接しなければ大声を解することができない程度になったもの

		3の2　1耳の聴力を全く失い、他耳の聴力が40センチメートル以上の距離では普通の話声を解することができない程度になったもの 4　せき柱に著しい変形又は運動障害を残すもの 5　1上肢の3大関節中の2関節の用を廃したもの 6　1下肢の3大関節中の2関節の用を廃したもの 7　1手の5の手指又は母指を含み4の手指を失ったもの
第7級	同131日分	1　1眼が失明し、他眼の視力が0.6以下になったもの 2　両耳の聴力が40センチメートル以上の距離では普通の話声を解することができない程度になったもの 2の2　1耳の聴力を全く失い、他耳の聴力が1メートル以上の距離では普通の話声を解することができない程度になったもの 3　神経系統の機能又は精神に障害を残し、軽易な労務以外の労務に服することができないもの 4　削除 5　胸腹部臓器の機能に障害を残し、軽易な労務以外の労務に服することができないもの 6　1手の母指を含み3の手指又は母指以外の4の手指を失ったもの 7　1手の5の手指又は母指を含み4の手指の用を廃したもの 8　1足をリスフラン関節以上で失ったもの 9　1上肢に偽関節を残し、著しい運動障害を残すもの 10　1下肢に偽関節を残し、著しい運動障害を残すもの 11　両足の足指の全部の用を廃したもの 12　外貌（ぼう）に著しい醜状を残すもの 13　両側のこう丸を失ったもの
第8級	給付基礎日額 の503日分	1　1眼が失明し、又は1眼の視力が0.02以下になったもの 2　せき柱に運動障害を残すもの 3　1手の母指を含み2の手指又は母指以外の3の手指を失ったもの 4　1手の母指を含み3の手指又は母指以外の4の手指の用を廃したもの 5　1下肢を5センチメートル以上短縮したもの 6　1上肢の3大関節中の1関節の用を廃したもの 7　1下肢の3大関節中の1関節の用を廃したもの 8　1上肢に偽関節を残すもの 9　1下肢に偽関節を残すもの 10　1足の足指の全部を失ったもの
第9級	同391日分	1　両眼の視力が0.6以下になったもの 2　1眼の視力が0.06以下になったもの 3　両眼に、半盲症、視野狭さく又は視野変状を残すもの 4　両眼のまぶたに著しい欠損を残すもの 5　鼻を欠損し、その機能に著しい障害を残すもの 6　そしゃく及び言語の機能に障害を残すもの 6の2　両耳の聴力が1メートル以上の距離では普通の話声を解することができない程度になったもの 6の3　1耳の聴力が耳に接しなければ大声を解することができない程度になり、他耳の聴力が1メートル以上の距離では普通の話声を解することが困難である程度になったもの 7　1耳の聴力を全く失ったもの 7の2　神経系統の機能又は精神に障害を残し、服することができる労務が相当な程度に制限されるもの 7の3　胸腹部臓器の機能に障害を残し、服することができる労務が相当な程度に制限されるもの 8　1手の母指又は母指以外の2の手指を失ったもの 9　1手の母指を含み2の手指又は母指以外の3の手指の用を廃したもの 10　1足の第1の足指を含み2以上の足指を失ったもの 11　1足の足指の全部の用を廃したもの

		11の2　外貌（ぼう）に相当程度の醜状を残すもの 12　生殖器に著しい障害を残すもの
第10級	同302日分	1　1眼の視力が0.1以下になったもの 1の2　正面視で複視を残すもの 2　そしゃく又は言語の機能に障害を残すもの 3　14歯以上に対し歯科補てつを加えたもの 3の2　両耳の聴力が1メートル以上の距離では普通の話声を解することが困難である程度になったもの 4　1耳の聴力が耳に接しなければ大声を解することができない程度になったもの 5　削除 6　1手の母指又は母指以外の2の手指の用を廃したもの 7　1下肢を3センチメートル以上短縮したもの 8　1足の第1の足指又は他の4の足指を失ったもの 9　1上肢の3大関節中の1関節の機能に著しい障害を残すもの 10　1下肢の3大関節中の1関節の機能に著しい障害を残すもの
第11級	同223日分	1　両眼の眼球に著しい調節機能障害又は運動障害を残すもの 2　両眼のまぶたに著しい運動障害を残すもの 3　1眼のまぶたに著しい欠損を残すもの 3の2　10歯以上に対し歯科補てつを加えたもの 3の3　両耳の聴力が1メートル以上の距離では小声を解することができない程度になったもの 4　1耳の聴力が40センチメートル以上の距離では普通の話声を解することができない程度になったもの 5　せき柱に変形を残すもの 6　1手の示指、中指又は環指を失ったもの 7　削除 8　1足の第1の足指を含み2以上の足指の用を廃したもの 9　胸腹部臓器の機能に障害を残し、労務の遂行に相当な程度の支障があるもの
第12級	同156日分	1　1眼の眼球に著しい調節機能障害又は運動障害を残すもの 2　1眼のまぶたに著しい運動障害を残すもの 3　7歯以上に対し歯科補てつを加えたもの 4　1耳の耳かくの大部分を欠損したもの 5　鎖骨、胸骨、ろく骨、肩こう骨又は骨盤骨に著しい変形を残すもの 6　1上肢の3大関節中の1関節の機能に障害を残すもの 7　1下肢の3大関節中の1関節の機能に障害を残すもの 8　長管骨に変形を残すもの 8の2　1手の小指を失ったもの 9　1手の示指、中指又は環指の用を廃したもの 10　1足の第2の足指を失ったもの、第2の足指を含み2の足指を失ったもの又は第3の足指以下の3の足指を失ったもの 11　1足の第1の足指又は他の4の足指の用を廃したもの 12　局部にがん固な神経症状を残すもの 13　削除 14　外貌（ぼう）に醜状を残すもの
第13級	同101日分	1　1眼の視力が0.6以下になったもの 2　1眼に半盲症、視野狭さく又は視野変状を残すもの 2の2　正面視以外で複視を残すもの 3　両眼のまぶたの1部に欠損を残し又はまつげはげを残すもの 3の2　5歯以上に対して歯科補てつを加えたもの 3の3　胸腹部臓器の機能に障害を残すもの 4　1手の小指の用を廃したもの

		5　1手の母指の指骨の一部を失ったもの 6　削除 7　削除 8　1下肢を1センチメートル以上短縮したもの 9　1足の第3の足指以下の1又は2の足指を失ったもの 10　1足の第2の足指の用を廃したもの、第2の足指を含み2の足指の 　用を廃したもの又は第3の足指以下の3の足指の用を廃したもの
第14級	同56日分	1　1眼のまぶたの1部に欠損を残し、又はまつげはげを残すもの 2　3歯以上に対し歯科補てつを加えたもの 2の2　1耳の聴力が1メートル以上の距離では小声を解することができ 　ない程度になったもの 3　上肢の露出面にてのひらの大きさの醜いあとを残すもの 4　下肢の露出面にてのひらの大きさの醜いあとを残すもの 5　削除 6　1手の母指以外の手指の指骨の1部を失ったもの 7　1手の母指以外の手指の遠位指節間関節を屈伸することができなく 　なったもの 8　1足の第3の足指以下の1又は2の足指の用を廃したもの 9　局部に神経症状を残すもの

備考

1　視力の測定は、万国式試視力表による。屈折異常のあるものについてはきょう正視力について測定する。

2　手指を失ったものとは、母指は指節間関節、その他の手指は近位指節間関節以上を失ったものをいう。

3　手指の用を廃したものとは、手指の末節骨の半分以上を失い、又は中手指節関節若しくは近位指節間関節（母指にあっては指節間関節）に著しい運動障害を残すものをいう。

4　足指を失ったものとは、その全部を失ったものをいう。

5　足指の用を廃したものとは、第1の足指は末節骨の半分以上、その他の足指は遠位指節間関節以上を失ったもの又は中足指節関節若しくは近位指節間関節（第1の足指にあっては指節間関節）に著しい運動障害を残すものをいう。

6 労働者災害補償保険法施行規則
別表第2　傷病等級表

傷病等級	給付の内容	障　害　の　状　態
第1級	当該障害の状態が継続している期間1年につき給付基礎日額の313日分	1　神経系統の機能又は精神に著しい障害を有し、常に介護を要するもの 2　胸腹部臓器の機能に著しい障害を有し、常に介護を要するもの 3　両眼が失明しているもの 4　そしゃく及び言語の機能を廃しているもの 5　両上肢をひじ関節以上で失ったもの 6　両上肢の用を全廃しているもの 7　両下肢をひざ関節以上で失ったもの 8　両下肢の用を全廃しているもの 9　前各号に定めるものと同程度以上の障害の状態にあるもの
第2級	同277日分	1　神経系統の機能又は精神に著しい障害を有し、随時介護を要するもの 2　胸腹部臓器の機能に著しい障害を有し、随時介護を要するもの 3　両眼の視力が0.02以下になっているもの 4　両上肢を腕関節以上で失ったもの 5　両下肢を足関節以上で失ったもの 6　前各号に定めるものと同程度以上の障害の状態にあるもの
第3級	同245日分	1　神経系統の機能又は精神に著しい障害を有し、常に労務に服することができないもの 2　胸腹部臓器の機能に著しい障害を有し、常に労務に服することができないもの 3　1眼が失明し、他眼の視力が0.06以下になっているもの 4　そしゃく又は言語の機能を廃しているもの 5　両手の手指の全部を失ったもの 6　第1号及び第2号に定めるもののほか常に労務に服することができないものその他前各号に定めるものと同程度以上の障害の状態にあるもの

備考

1　視力の測定は、万国式試視力表による。屈折異常のあるものについては矯正視力について測定する。

2　手指を失ったものとは、母指は指関節、その他の手指は第1関節以上を失ったものをいう。

7 労働者災害補償保険施行規則
別表第3 要介護障害程度区分表

当該程度の障害により労働者がある介護を要する状態	障 害 の 程 度
常時介護を要する状態	1 神経系統の機能若しくは精神に著しい障害を残し、常に介護を要するもの（別表第1第1級の項身体障害者の欄第3号に規定する身体障害をいう。）又は神経系統の機能若しくは精神に著しい障害を有し、常に介護を要するもの（別表第2第1級の項障害の状態の欄第1号に規定する障害の状態をいう。） 2 胸腹部臓器の機能に著しい障害を残し、常に介護を要するもの（別表第1第1級の項身体障害の欄第4号に規定する身体障害をいう。）又は胸腹部臓器の機能に著しい障害を有し、常に介護を要するもの（別表第2第1級の項障害の状態の欄第2号に規定する障害の状態をいう。） 3 別表第1に掲げる身体障害が2以上ある場合その他の場合であって障害等級が第1級であるときにおける当該身体障害又は別表第2第1級の項障害の状態の欄第3号から第9号までのいずれかに該当する障害の状態（前2号に定めるものと同程度の介護を要する状態にあるものに限る。）
随時介護を要する状態	1 神経系統の機能若しくは精神に著しい障害を残し、随時介護を要するもの（別表第1第2級の項身体障害の欄第2号の2に規定する身体障害をいう。）又は神経系統の機能若しくは精神に著しい障害を有し、随時介護を要するもの（別表第2第2級の項障害の状態の欄第1号に規定する障害の状態をいう。） 2 胸腹部臓器の機能に著しい障害を残し、随時介護を要するもの（別表第1第2級の項身体障害の欄第2号の3に規定する身体障害をいう。）又は胸腹部臓器の機能に著しい障害を有し、随時介護を要するもの（別表第2第2級の項障害の状態の欄第2号に規定する障害の状態をいう。） 3 障害等級が第1級である場合における身体障害又は別表第2第1級の項障害の状態の欄第3号から第9号までのいずれかに該当する障害の状態（前2号に定めるものと同程度の介護を要する状態にあるものに限る。）

改訂2版　通勤災害制度のしくみ

平成18年6月14日	初版発行
平成26年11月28日	改訂版発行
令和6年1月31日	改訂2版発行

発行人　荻原　俊輔

発行所　公益財団法人労災保険情報センター

〒112-0004　東京都文京区後楽1-4-25

電話　03-5684-5511

FAX　03-5684-5522

ホームページ　https://www.rousai-ric.or.jp

ISBN978-4-903286-91-4　C2030　￥1246E　　　　　　税込1,370円

落丁・乱丁はお取り替え致します。